韓国の
少子化と女性雇用

高齢化・男女格差社会に対応する
人口・労働政策

裵 海 善
Haesun Bae

明石書店

はしがき

　筆者は長い期間、女性労働問題や非正規雇用問題の日韓比較研究にたずさわってきた。少子化問題に注目し研究を始めるようになった契機は、2006年政府の「第1次低出産・高齢社会基本計画」の内容に触れたことである。少子化問題は社会的・文化的背景、諸制度、女性労働とも関わる複雑な問題であり、有効的な少子化対策のためには、政府予算のみならず、法律の整備や労働市場の改革をも伴う総合的な対策が必要であることに気づき、少子化問題と女性労働問題を並行した研究を続けてきた。

　少子高齢化とともに、生産年齢人口が減少するとの危機感から、女性が働きやすい制度の整備、女性の地位向上や雇用増加のための政策が重要となっている。本書は韓国の少子化と女性雇用問題を2本柱とし、その実態を把握し、政府対策の内容や今後の課題への理解を深めることをめざした。本書の内容は、筆者が今まで発表した研究成果をベースに、学生や一般市民が読んでも理解できるよう内容を編集し、最新のデータや政策を入れて書き下ろした。

　本書の構成は、少子高齢化の実態と原因、少子化対策、女性雇用と政策の大きく3部に分けられる。第1部では、韓国政府の人口政策の時代的変遷を紹介し、少子高齢化の実態や少子化の原因を日本と比較しうる形でまとめた。第2部では、政府と地方自治団体の少子化対策、韓国の少子化対策のなかでも保育政策に注目しその内容を紹介するとともに、その成果と課題を確認した。第3部では、韓国の女性雇用の特徴、女性雇用を促進し女性の地位を改善するための政府政策の内容とその実態をまとめた。

　内容の構成上、本文には取り上げなかったが、本書を読む上で必要な基本用語や韓国社会・文化の豆知識は［コラム］としてまとめた。巻末の［資料］編では、韓国の少子高齢化の推移がわかる時系列データ、戦後から現在に至るまでの人口変化と人口政策を時代順にまとめた年表を載せた。韓国の人口政策の変遷を理解するうえでの手引きとして活用していただきたい。

本書の出版は、勤め先である筑紫女学園大学の学術出版助成金を受けることにより実現できた。大学側の研究支援に深く感謝したい。また、(公財)アジア女性交流・研究フォーラム（KFAW）から、2011年、日本と韓国の少子化対策と有効な子育て支援策をテーマに篠崎正美（元KFAW主席研究員）氏との共同研究の支援金を受けたことに謝意を表したい。

　最後に、本書の刊行にあたって明石書店編集部の神野斉編集長、源良典氏にお世話になった。心から感謝の意を申し上げる。

●●●● 目　次 ●●●●
韓国の少子化と女性雇用

はしがき　3

第1部　少子高齢化の実態と原因

第1章　政府の人口政策の変遷 …………………………………………… 10

1. 1940～1950年代　/　2. 出産抑制政策期（1961～1995年）　/
3. 人口資質向上政策期（1996～2002年）　4. 出産奨励政策期（2003年～現在）　/
5. 人口5000万人時代　 6. 韓国の適正人口　 7. 男超社会から女超社会へ

第2章　少子高齢化実態──韓国と日本との比較 ……………………… 22

1. 韓国の合計特殊出生率　/　2. 日本の合計特殊出生率　/　3. 高齢化社会　/
4. 少子高齢化推移　/　5. 高齢者の貧困

第3章　少子化の原因──韓国と日本との比較 ………………………… 32

1. 晩婚化（高学歴化の影響）　/　2. 晩婚化（初婚年齢の韓日比較）　/　3. 晩産化　/　4. 若者の雇用不安定　/　5. 育児と仕事の両立の難しさ　/　6. 教育費負担　/　7. 結婚・出産・子育てをめぐる状況

第2部　少子化対策

第4章　政府の少子化対策 ………………………………………………… 48

1. 政府の少子化対策の概要　/　2. 家族形成に有利な環境助成　/　3. 妊娠・出産に対する支援拡大　/　4. 仕事と家庭の両立支援対策　/　5. 子供養育費支援対策　/　6. 子供の育児支援インフラと健全な成長環境助成

第5章　地方自治団体の少子化実態と対策 ……………………………… 65

1. 広域自治団体の出生率実態　/　2. 政府の少子化対策と予算（国費と地方費による共通事業）　/　3. 広域自治団体の少子化対策と予算

第6章　保育政策と保育所利用実態 ……………………………………… 76

1. 保育政策の流れ　/　2. アイサラン（子供愛）プラン（2009～2012年）　/　3. 乳幼児の完全無償教育実施（2013年3月から）　/　4. オリニジップ（子供の家）の利用実態　/　5. 保育政策が抱えている問題

第3部　女性雇用と政策

第7章　女性雇用者の雇用実態 …………………………………………… 92

1. 女性雇用者の増加とM字型カーブ　/　2. 女性非正規雇用　/　3. 女性雇用と社会保険

第8章　女性雇用政策 ……………………………………………………… 105

1. 女性雇用政策の流れ　/　2. 第4次基本計画（2013～2017年）　/　3. 女性雇用促進政策

第9章　仕事と家庭の両立支援政策 ……………………………………… 116

1. 妊娠・出産支援制度　/　2. 経歴断絶予防支援　/　3. 柔軟な働き方の拡大　/　4. ファミリー・フレンドリー職場環境・社会環境助成

第10章　男女格差と政府の男女平等実現措置 ………………………… 135

1. 男女格差の実態と政府の取り組み　/　2. 政策・政治分野における男女平等実現措置　/　3. 行政分野における男女平等実現措置　/　4. 教育分野にお

ける男女平等実現措置　/　5. 雇用分野における積極的雇用改善措置

［資料］　韓国の人口データと人口政策年表 ················ 155
　　1. 韓国総人口数・人口成長率　/　2. 老年人口指数　/　3. 韓国男女の平均期待寿命　/　4. 合計特殊出生率の国際比較　/　5. 韓国の人口政策年表

索　引　166

第1部
少子高齢化の実態と原因

第1章

政府の人口政策の変遷

　1945年第2次世界大戦終戦とともに国連（UN）に設置された人口委員会が、発展途上国に人口過剰対策として人口抑制政策を採択するように提案したことにより、人口問題が国際的な関心事になった。貧困問題と人口過剰現象がお互いに因果関係にある発展途上国は人口抑制政策に同意、出産抑制政策を採択した。したがって、人口政策は20世紀後半期に入ってから途上国特有の発展政策として取り上げられ、韓国も例外ではなかった。韓国の人口政策は1962年第1次経済開発計画とともに導入され、増える出生児数を抑制して社会発展をはかり、個人の生活の質を高めるのが目的であった。

　出産抑制政策は政府の積極的な努力と国民の能動的な参加により、導入されてから20年余を経過した1983年には人口置換水準まで出生率を低めるのに成功した。合計特殊出生率が1.6～1.7まで低くなった1980年代中盤以後にも出産抑制政策は続いたが、1996年に政府の人口政策は出産抑制政策から人口資質向上政策へと切り替えられた。

　しかし、1997年IMF（国際通貨基金）経済危機を経験しながら出生率は1.5未満まで下がり、2001年には合計特殊出生率が1.3を下回る超少子化社会になると、政府は2005年5月「低出産・高齢社会基本法」を制定し、同法律に基づき2006年から5年ごとに「低出産・高齢社会基本計画」を推進中である。韓国の人口政策は「1940～1950年代」「出産抑制政策期（1961～1995年）」「人口資質向上政策期（1996～2003年）」「出産奨励政策期（2006～現在）」の

大きく4つの期間に分けられる。

1. 1940～1950年代

　解放直後、日本、満州および中国からの帰国民、朝鮮戦争（1950年6月25日～53年7月27日）前の南北韓の間の人口移動、朝鮮戦争中の北朝鮮から韓国へ移り住むための避難民増加、また朝鮮戦争後の結婚およびベビーブーム（赤ちゃんの出生が一時的に急増すること）により、1959年のソウルの人口は200万人を突破し、韓国人口は1961年に約2500万人に達する。世界各国では第2次世界大戦後の1946年から10年間に生まれた世代をベビーブーム世代というが、韓国では朝鮮戦争後の1955～1964年に生まれた世代をベビーブーム世代という。

　韓国の家族計画事業が1960年代から政府政策として採択される前までには、出生率を下げるための家族計画事業は間歇的に行われた。1954年に来韓したアメリカ人宣教師ウォス（George C. Worth）は、母子保健を土台にした家族計画の大切さを強調し家族計画事業を展開した。一方、韓国人による家族計画事業は、1957年全羅北道（チョルラ・プクト）に置かれた農村衛生研究所が初めてである。1958年にはソウル大学校医科大学附属病院に家族計画相談所が設置され、ユニテリアン奉仕委員会（Unitarian Service Committee）の援助により、避妊サービスが始められた。その後1960年になってから、大韓オモニ（お母さん）会が家族計画啓蒙教育を1つの事業として採択し、家族計画を普及させた。

　家族計画事業が公式的に議論されたのは、1959年に保健社会部の母子保健委員会が母子保健と人口対策のために家族計画事業を国家施策として採択することを保健社会部長官に申し立てたことが初めての試みである。これらの案は取り入れられなかったが、人口問題に対する社会的関心の高まりを反映し、1960年代の人口政策を策定する際に重要な土台となった。

図1　合計特殊出生率と政府政策の変遷

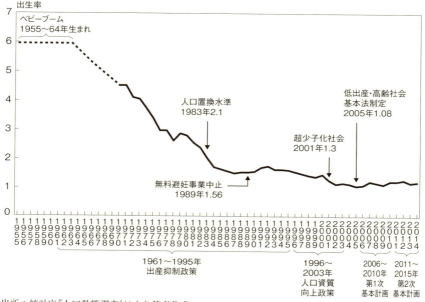

出所：統計庁『人口動態調査』により筆者作成

2. 出産抑制政策期（1961～1995年）

　1953年7月の朝鮮戦争休戦とともに、北朝鮮同胞の韓国への移住および1955～1964年の戦後のベビーブームにより、合計特殊出生率は6.0を上回り、人口は増加した。1961年5月16日、軍事クーデタを起こして政権を掌握した朴正熙（パク・チョンヒ）軍事政府は、急激な人口増加と高い出生率は貧困を永続化させ経済発展の足かせとなるという認識下で、人口増加抑制政策を導入した。子供の数を減らし教育の質を高めることで労働の質や生産効率を高める、いわば生産力に見合った適正人口を維持することで経済成長を実現するという計画であった。

　1961年家族計画事業を国家施策として採択するとともに、人口政策の一環として1963年保健局母子保健課に家族計画係を設置し、本格的な家族計画事業を始めた。家族計画事業10カ年計画を樹立し、当時の推定人口増加率2.9%

を第1次経済開発5カ年計画（1962～1966年）が終わる1966年には2.5%まで低下させるとの方針で、全国183の市・郡地域の保健所に家族計画相談所を設置し避妊普及体系を確立した。

第2次経済開発5カ年計画期間（1967～1971年）の年度末には、人口増加率をさらに2.0%まで低下させるとの方針のもとで、家族計画事業を実施するための各団体を設立し、地域社会中心の避妊普及基盤を助成した。不妊手術をすれば公共住宅入居権が優先的に与えられ、予備軍訓練（韓国の男性が兵役の義務が終了し除隊した後、年2泊3日間受ける軍事訓練）が免除されるなどの政策がとられた。

第3次経済開発5カ年計画期間（1972～1976年）には農村型事業推進方式を脱皮し、1970年からは都市部の特性にあう家族事業を展開する。保健福祉部に家族計画課を新設し、1973年には不妊・避妊手術、条件付で妊娠中絶を合法化する内容の「母子保健法」を制定した。

第3次経済開発5カ年計画が終わる1976年には、年平均人口増加率1.7%、第4次経済開発5カ年計画（1977～1981年）が終わる1981年頃には1.5%まで低めるとの計画のもとで、「娘・息子区別せず、2人だけ生んでよく育てよう」というスローガンをかかげた。

1980年代の家族計画事業は、「2人も多い（1982年）」「1人だけ生んで若々しく過ごし、狭い土地を広く住もう（1987年）」と次々にスローガンをかかげ、さらなる少子化を促した。1982年には避妊手術に医療保険が適用され、低所得者層には不妊手術のための補助金が支給された。

経済成長とともに国民の所得水準が高まり、子供2人が一般化した1980年代には、少子化とともに、男児を好む意識が高まり、人為的に男児・女児を選んで産む現象も現れた。政府は人口の性別バランスのため、「利口な一人娘、10人の男の子に勝る」「女の子と男の子を差別しない」というスローガンをかかげ、女の子の出産を奨励した。

出生率は低下し続け、1983年からは人口置換水準である2.1を下回るようになった。1980年代末になると、朴正煕政権が打ち出した人口増加抑制政策は人口維持政策へと転換された。1989年から政府は無料避妊事業を中止し、代わりに避妊サービスの質的改善、自律的に避妊率を高めるよう広報・教育を

図2　1970〜90年代の家族計画ポスターとスローガン

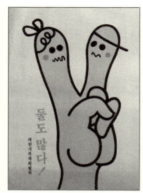

（1970年代）　　　　　　　　（1980年代）　　　　　　　（1990年代）
「娘・息子区別せず、　　　　「2人も多い」　　　　　　「先生、いい子になれば
2人だけ生んでよく育てよう」　　　　　　　　　　　　　女の子と座らせてくれますか」

出所：http://blog.naver.com「韓国の家族計画変遷史―人口保健福祉協会」

行った。

　1990年代初め頃までも、「母親の健康は子供の健康、少なめに生んでよく育てよう」というスローガンがあったが、1994年になって、政府は産児制限政策の放棄を宣言した。出生率が1.45となった1998年には家族計画協会も産児制限のための人口教育を中止した。

3. 人口資質向上政策期（1996 〜 2002年）

　出生率が人口置換水準より低下した1980年代中盤以後になると、一部では人口抑制政策の存廃論争があったが、その時でも出生率回復のための政府レベルでの検討は行われなかった。「カイロ行動計画」に基づき、人口の質と福祉向上に焦点を合わせた「新人口政策」が1996年7月、国務会議（行政府の重要な政策を審議する最高審議機関で、大統領、国務総理、国務委員により構成される）で承認され、従来の人口増加抑制政策は中止された。

　2001年に合計特殊出生率が1.297で「超少子化社会」になると、2002年の国民年金発展委員会で、少子化により国民年金の財政が枯渇する恐れがあるこ

とが議論された。なおかつ2002年の合計特殊出生率が1.17まで下がると、少子化問題が真剣な社会問題として議論され始めた。中止された人口教育も再び始まったが、今回は、少なめに生むのではなく多めに生もうという内容で、「パパ、ひとりは嫌いです。ママ、私も弟（妹）がほしいです」のスローガンがかかげられた。

4．出産奨励政策期（2003年〜現在）

　少子化現象に対する政府の公式的な対応は、2003年から本格化する。2003年10月、大統領諮問機構である「低出産未来社会委員会」が開設された。2004年に合計特殊出生率が1.16で世界最低水準を記録し、2005年に1.08以下になると、2005年3月、大韓家族保健福祉協会は、出産抑制から出産奨励へと機能を転換した。

　2005年5月「低出産・高齢社会基本法」（法律第7496号）を制定し、2005年9月には大統領を委員長とし12部処長官ならびに12人の民間専門家で構成された「低出産高齢社会委員会」を設置した。この委員会は、2008年4月からは政府組織改編により、保健福祉家族部長官を委員長とし、10部処次官および11人の民間委員で構成されている。

　また、科学的な分析のもとで一貫性のある政策を推進するため、統計庁（「将来人口推計」2006年）と保健社会研究院による「全国結婚及び出産動向調査」（2006年）、「低出産原因及び総合対策研究」（2006年）等の分析が行われた。

　「低出産・高齢社会基本法」第20条、21条に基づき、政府は5年ごとに「低出産・高齢社会基本計画（セロマジ・プラン）」（以下、「基本計画」と称する）を作成し、その基本計画に基づき、各部処および地方自治体は、年度別施行計画を立てる。「セロマジ・プラン」の「セロ」とは出産、「マジ」とは老後の意味で、「新しく迎える出産から老後生活の最後まで幸せに暮らす社会」の意味が含まれている。

　2006年8月には「第1次低出産・高齢社会基本法2006〜2010年」が、2010年から「第2次低出産・高齢社会基本法2011〜2015年」が実施されており、

図3　2000年代の家族計画ポスターとスローガン

「パパ、ひとりは嫌いです。　　「１人の子供より、　　　　「123運動」「①結婚後1年以内に
ママ、私も弟（妹）がほしいです」　２人、３人がもっと幸せです」　妊娠②２人の子供を③35歳以前
　　　　　　　　　　　　　　　　　　　　　　　　　　　　　　に生み、健康に育てよう」

出所：http://blog.naver.com「韓国の家族計画変遷史―人口保健福祉協会」
注：大韓家族計画協会は政府の家族計画ポスターを作ってきたが、1999年には「大韓家族保健福祉
　　協会」、そして2006年には「人口保健福祉協会」へと名称を変えてきた。

政府がまとめた基本計画には、結婚と出産支援政策、共働き夫婦のための仕事と家庭の両立支援策が含まれている。家族計画スローガンも「１人の子供より、２人、３人がもっと幸せです」で、多く生むほど幸せになれるとの意味が含まれている。

5．人口5000万人時代

統計庁『将来人口推計（2010〜2060）』によれば、韓国の総人口は2012年６月23日、5000万4000人で、5000万人を超えた。同じ日、世界人口は70億5000万人で、韓国の人口は世界人口の0.71％を占める。韓国の人口は1960年2500万人、1984年には4000万人、2012年に5000万人を超えたので、約40年間に２倍増加したことになる。

しかし、今後の人口成長率は急激に低下する推移であり、2030年にはゼロ成長（0.01％）に達し、2031年以後からはマイナス成長率を見せ始めて、2050

図4 時代別人口政策の特徴

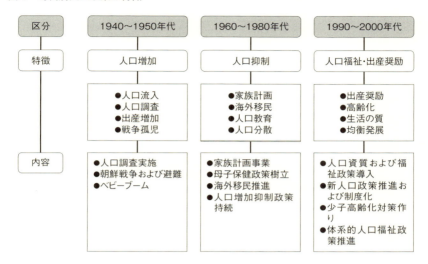

出所:http://theme.archives.go.kr「国家記録院・ナラ記録ポータル」

図5 韓国の総人口数および人口成長率　　　　　　　　　　（単位:千人、%）

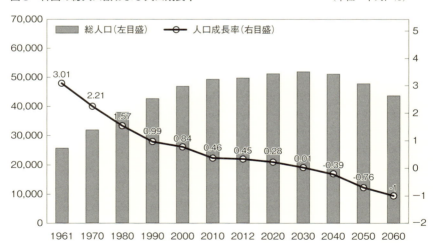

出所:統計庁『将来人口推計(2010〜2060)』により筆者作成
注:1)人口成長率は前年対比人口変化率である。2)総人口は7月1日基準人口で、過去に対する確定人口(Population Estimate)と今後の人口変動要因(出産、死亡、国際移動)を考慮して作成した推計人口(Population Projection)である。

第1章 政府の人口政策の変遷　17

年になると人口成長率が－0.76％になる推計である（図5）。総人口は、2000万人時代が19年間（1948～66年）、3000万人時代が16年間（1967～83年）、4000万人時代が29年間（1984～2011年）、5000万人時代が33年間（2012～2044年）続き、2045年から4000万人時代になる推計である。少子化により人口成長率が低下することによって総人口は2030年5216万人で頂点に達し、2060年には4395万9000人になると見込まれている。

6．韓国の適正人口

　7月11日は「世界人口デー」（World Population Day）である。1987年7月11日に世界人口が50億人を突破したことから、世界の人口問題への意識を高めるため、1989年、国際連合開発計画（United Nations Development Program）により定められた。

　韓国では低出産・高齢化問題に積極的に対応するため、2011年8月4日改正された「低出産・高齢社会基本法」に基づき、7月11日が「人口デー」として定められ、初めての「人口デー」記念式が2012年7月11日に行われた。

　人口は経済の生産資源であると同時に、内需基盤になる。韓国が今後持続可能な成長を続けるためには適正規模の人口を維持しなければならない。2012年現在、韓国の適正人口は4886万人で、実際人口（5000万人）が多い。しかし、韓国保健社会研究院が2012年7月11日発表した「将来国家人口戦略」によれば、2045年からは実際人口と適正人口とのバランスがくずれ、適正人口（4998万人）より実際人口（4981万人）が少なくなる見通しである。また、実際人口が適正人口以上を維持するためには出生率を1.8以上とし、人口5000万人を維持するためには出生率を2.1以上に高める必要があるという指摘がある。

7．　男超社会から女超社会へ

　儒教社会である韓国は伝統的に男児の出産を望む傾向がある。政府の出産政策により子供2人が一般化した1980年代には、男児を好む意識が高まり、

図6 韓国の人口ピラミッド

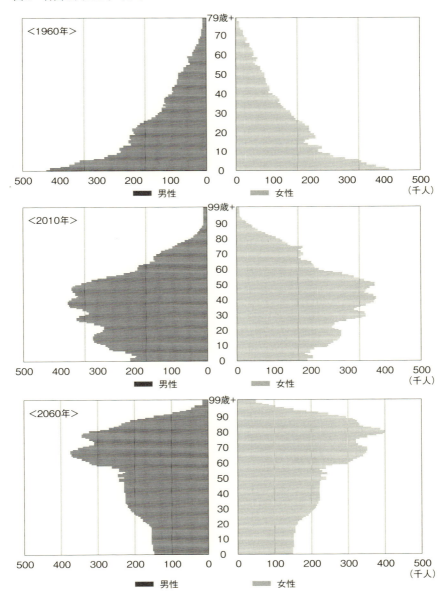

出所:統計庁『将来人口推計(2010〜2060)』(中位推計値)により筆者作成

第1章 政府の人口政策の変遷

人為的に男児・女児を選んで生む現象まで現れた。ところが、男女出生比の変化、高齢化の進展とともに、韓国社会で女性人口が男性人口を初めて上回る女超現象が現れ始めた。

行政自治部の住民登録人口統計によると、2015年6月末基準、女性が男性より492人多い。女超現象は韓国で住民登録人口統計を作成した1960年代後半以降初めてである。引き続き、7月統計では女性人口は2645人ともっと多く、8月統計では4804人で、女超現象が広がっている。

男女人口比率逆転の主な原因は高齢化である。老年人口（65歳以上）が増えながら、女性の平均寿命が男性より長いことから、女性の老人人口が占める割合が高まったからである。統計庁の「寿命表」によれば、2013年現在平均寿命は、男性78.5歳、女性85.1歳である。

また男女出生性比の変化も1つの原因である。男女出生性比不均衡の拡大が始まったのは1980年代中頃で、1990年には女児100人当たり男児数が116.5でピークとなり、その後、低下して2014年現在105.3である。男女出生性比は1960年以後100以下になったことがないが、統計庁の「将来人口推計」によれば、2015年100.0となり、今後低下し続けることが予測される。男女出生性比が低くなった背景には、女性の地位向上とともに男の子を好む意識も弱くなったからである。

参考文献
大韓民国政府『第1次低出産高齢社会基本計画2006～2010年(補完版)』
大韓民国政府『第2次低出産高齢社会基本計画2011～2015年』
裵　海善「韓国の少子化と政府の子育て支援政策」(財)アジア女性交流・研究フォーラム
　　『アジア女性研究』第21号、2012年3月

コラム

【出生率関連用語】
合計特殊出生率(TFR: Total Fertility Rate)
　1人の女性が生涯に生む子供の平均数で、15〜49歳までの女性の年齢別出生率を合計したものである。
　TFR＝(女性の年齢別出生数÷年齢別女性人口) 15歳から49歳までの合計

人口置換水準(Replacement Rate)
　人口が増加も減少もしない均衡した状態となる合計特殊出生率の水準のこと。
　韓国と日本の人口置換水準の合計特殊出生率は約2.07である。つまり、1人の女性が、2.07人の子供を生めば人口の水準が保たれる。

超少子化(Lowest-low Fertility)
　合計特殊出生率が1.3未満の出生率水準 (TFR＜1.3)

カイロ行動計画
　1994年9月、カイロで開催された国際人口・開発会議（ICPD）により採択された「行動計画」（カイロ行動計画）には家族規模の縮小と人口増加の原則は「抑制」ではなく、選択に依存するものであるとの認識が示された。カイロ会議で大きな争点になったのは、各国にまだ残っている妊娠中絶がリプロダクティブ・ライツ（Reproductive Rights）に矛盾するということを、行動計画のなかに明記するかどうかであった。(http://unic.or.jp「国際国連広報センター」)

第2章

少子高齢化実態
——韓国と日本との比較

　少子高齢化が先進諸国の大きな社会問題になっているなかで、女性1人が生涯に生む子供の数を示す合計特殊出生率が、2005年、韓国は1.08、日本は1.26で、両国ともに過去最低水準を記録した。2014年の合計特殊出生率は韓国1.21、日本1.42で、OECD（経済協力開発機構）34加盟国のなかで、韓国は最も低い34位、日本は30位である。

　日本は、65歳以上の老年人口が年少人口を上回る人口逆転現象が1997年にすでに始まっており、2006年には老年人口が占める割合が20.8％で「超高齢社会」となった。韓国は2000年から老年人口の割合が7.2％で高齢化社会となり、2017年には人口逆転現象が始まると見込まれる。

1. 韓国の合計特殊出生率

　〈図1〉は韓国と日本の合計特殊出生率の推移を示したものである。韓国で合計特殊出生率（TFR）の年次データが得られるのは1970年からである。朝鮮戦争後のベビーブーム（1954～1964年）により、合計特殊出生率は、6程度の非常に高い水準であった。1961年5・16軍事クーデタで政権を握った朴正煕は、1961年11月、国家再建最高会議（議長：朴正煕）で、家族計画事業を国家施策として採択した。政府の出産抑制政策により、出生率は急激に下落し、1983年には2.06で、人口置換水準である2.1人を下回る。

出産抑制政策は1995年で終わるが、2001年の合計特殊出生率は1.3以下で、韓国は超少子化国になり、2005年には1.08で史上最低水準を記録した。合計特殊出生率は2006年には1.12、2007年には1.25で少し上向きとなったが、合計特殊出生率が上昇した原因として、2006年が「双春年」(旧暦の立春が二度やって来る縁起のいい年のこと)で、結婚をするのにとてもいい年であったこと、2007年は600年に一度の「黄金の亥の年」(この年に生まれた子供は一生お金に困らないとの俗説がある)であったという文化的慣習の影響が挙げられる。
　2009年には1.15で底を打ち、2010年1.23、2011年1.24、2012年には1.3と、3年連続上昇すると、韓国政府は、2001年に超少子化国となって以来、11年ぶりに超少子化国を脱出したと発表した。
　しかし、2010年から2012年まで出生率が上昇したのは、2007年「黄金の亥の年」に結婚した夫婦が2番目の子を持つ時期であり、また2010年が「白虎の年」(60年に一度の白虎の年で、生まれた子は大きく成功するとのこと)であったこと、2012年が「黒龍の年」(60年に一度で、黒龍が龍の中で一番力が強いことから、壬辰年には英雄が生まれるか、または現れるとの俗説がある)であったことが出生率に影響を与えた。
　もう1つの要因としては、ベビーブーム(1955～1964年)に生まれた世代が親になって1978～1981年に出生率が一時的に増加したが(第2次ベビーブーム)、その第2次ベビーブームに生まれた人が31～34歳に達し、結婚・出産が急増したために起こった一時的な増加現象でもあった。2013年の出生率は1.19で再び低下し、2014年には1.21である。韓国の出生率が今後上昇し、超少子国から免れるかどうかはまだ楽観できない状況である。

2. 日本の合計特殊出生率

　日本では第2次世界大戦後、2回ベビーブームがあった。1947～1949年に第1次ベビーブーム(団塊の世代)があり、この時生まれた女性が出産したことにより、1971～74年には第2次ベビーブーム(団塊ジュニア)がある。
　合計特殊出生率は、第1次ベビーブーム期である1947年には4.54の高い値を示したが、その後出生率が減少し、1957年には2.04になり人口置換水準の

図1　韓国と日本の合計特殊出生率　　　　　　　　　　　　　　　（単位：人）

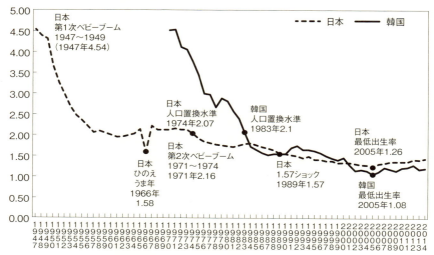

出所：統計庁『人口動態調査』、厚生労働省『人口動態統計』により筆者作成

2.1を下回る。1966年は「ひのえうま年」（干支の１つで、60年に１回まわってくる。その年に生まれた女性は性質が激しいものとなるという迷信）で、出生率が極端に低下し1.58となる。その後、1967年から1973年までは人口置換水準を上回っていたが、1974年からは人口置換水準を下回っている。とくに、1989年にはそれまで最低であった1966年の出生率を下回る1.57を記録したため「1.57ショック」と呼ばれ、少子化問題に関して社会的関心が高まる。その後も出生率は徐々に低下していき、2005年には1.26と過去最低を記録した。バブル崩壊後の不況や就職難のあおりを受け、結婚や出産適齢期である層が経済的に不安定だったことや子育てに対する負担感が増大していることなどが原因として挙げられている。

　出生率は、2005年の1.26を底に緩やかに上昇しているが、景気回復とともに30代後半の団塊ジュニアを中心に出生数が増加したこと、第２子以上の出産が増えたためであると厚生労働省は分析している。2013年には1.43で、17年ぶりに1996年の1.43の水準を回復している。

　合計特殊出生率を韓日比較すると（図１）、韓国の出生率は1984 〜 1989年

には日本を下回るが、1990年からは再び日本を上回っている。しかし、2001年からは、韓国の出生率が日本を下回る傾向が続いている。2005年には、韓国は1.08、日本は1.26で、韓日ともに過去最低を記録した。2014年現在、韓国は1.21、日本は1.42である。

3. 高齢化社会

総人口のなかで65歳以上の人口（老年人口）が占める割合のことを「高齢化率」または「老年人口比率」という。WHO（世界保健機構）や国連の定義によると、高齢化率が7％を超えれば「高齢化社会（Aging Society）」、14％を超えれば「高齢社会（Aged Society）」、21％を超えれば「超高齢社会（Super-aged Society）」という。人口高齢化の速度を国際比較すると（表1）、世界で最も高齢化が進んでいる国は日本である。

日本は1970年に高齢化社会となり、1994年には高齢社会、2006年には超高齢社会に突入した。日本は2013年10月現在、高齢化率は25.1％で、全人口の4人に1人は65歳以上の高齢者である。韓国は、2000年高齢化社会となり、2014年現在、高齢化率は12.7％で、韓国人口の10人に1人は65歳以上である。統計庁の『将来人口推計』（2010年）によれば、高齢化率が2018年には14.3％で「高齢社会」、2026年には20.8％で「超高齢社会」に入る。

韓国が高齢化社会から高齢社会までかかる年数は18年、高齢社会から超高齢社会に突入するのにかかる年数は8年で（図2）、これは世界最短である。高齢化率は2030年24.3％、2040年32.3％、2050年には37.4％に至る見通しである。

表1　高齢化到達年度

	到達年度（年）		
	7%	14%	20%
フランス	1864	1979	2018
アメリカ	1942	2015	2036
ドイツ	1932	1972	2009
日本	1970	1994	2006
韓国	2000	2018	2026

出所：統計庁『将来人口推計』2006年、2011年

図2 高齢社会への所要年数

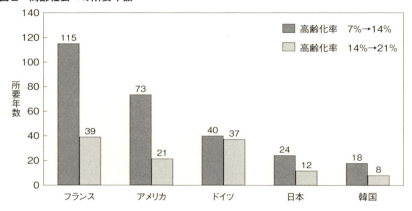

出所：統計庁『将来人口推計』2006年、2011年

4. 少子高齢化推移

　韓国の場合、今のような少子化が続くと人口減少に拍車をかけ、2030年からは総人口が減少し、2017年からは生産年齢人口（15〜64歳）が減少し、また2017年には老年人口が年少人口より多くなる「人口逆転現象」が始まる（図3・4）。戦後ベビーブーム世代（1955〜64年生）が老年人口に到達し、超少子化国（2001年以後）になって生まれた世代が可妊年齢になる2020年以後は少子高齢化が加速化するのが見込まれる。

　一方、日本は、2006年に高齢化率20.8％で、世界でも最も早く「超高齢社会」になり、2013年には高齢化率が25.1％で過去最高となった。1997年からは老年人口が年少人口を上回る人口逆転現象が始まった。国立社会保障・人口問題研究所によれば、2010年からは日本の総人口は減少し（図5）、2050年には総人口が1億を切る9700万人と予測している。

5. 高齢者の貧困

　働き手に比べ高齢者の数が増え続ける局面を「人口オーナス」という。少

図3　韓国の合計特殊出生率と高齢化率　　　　　　　　　（単位：％（右目盛り））

出所：韓国統計庁『人口動態調査』『将来人口推計』により筆者作成
注：高齢化率＝(65歳以上人口／全体人口)×100

図4　韓国の人口構造の変化推移　　　　　　　　　　　　　　　（単位：万人）

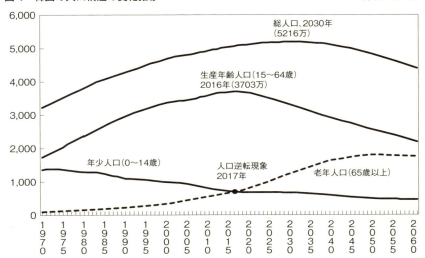

出所：韓国統計庁『将来人口推計』2011年12月により筆者作成

図5　日本の人口構造の変化推移　　　　　　　　　　　　　　　　　　　（単位：千人）

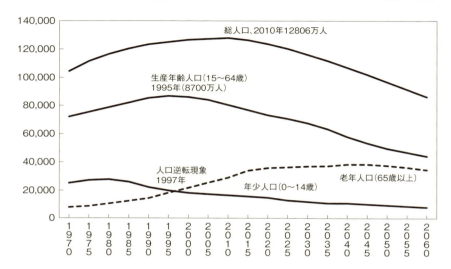

出所：総務省『国勢調査』（1970～2010年）、国立社会保障・人口問題研究所「2010～2060年；出生中位（死亡中位推計）」（http://www.ipss.go.jp）により筆者作成

子高齢化が進むと、老年人口指数が高くなる。老年人口指数とは、老年人口（65歳以上）の生産年齢人口（15～64歳）に対する百分比である。老年人口に対する生産年齢人口の経済的負担を示す指標で、社会の高齢化推移を把握し、高齢者の老後生活安定対策および若い世代の負担緩和のための政策資料として活用される。

　韓国の老年人口指数は、1960年には5.3％であったが、2014年には17.3％、2030年には38.6％である（図6）。『将来人口推計』によれば、2050年には71.0％、2060年には80.6％になる。言い換えれば、1960年には生産年齢人口18.9人が老年人口1人を扶養したが、2000年には9.9人、2014年には5.8人、2030年には2.6人、2050年には1.4人、2060年には1.2人で老年人口1人を扶養することになり、若い世代の老年人口への扶養負担が非常に重くなる。

　日本の場合、生産年齢人口に対する老年人口比は1970年には10.3％であるが、2010年には36.1％、2030年には54.4％、2050年には76.3％になる。つまり、1970年には生産年齢人口9.8人で老年人口1人を扶養したが、2030年には1.8

図6 老年人口指数 (単位：%)

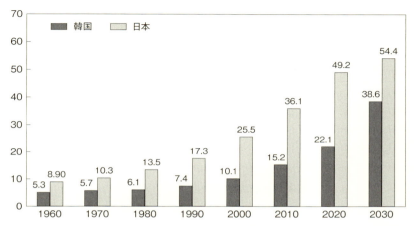

出所：統計庁『将来人口推計』（2011年12月）、総務省『国勢調査』（1970〜2010年）、国立社会保障・人口問題研究所「2010〜2060年：出生中位（死亡中位推計）」により筆者作成
注：老年人口指数＝（65歳以上人口／15歳〜64歳人口）×100

人で1人、2050年には1.3人で1人を扶養することになる。

　韓国では老年人口の増加とともに、高齢者の貧困が社会問題となっている。一人暮らしをする老人が増え、貧困、持病、孤独などから自殺する老人が増えている。統計庁『死亡原因統計』によると、65歳以上老人人口の自殺死亡者数（人口10万人当たり）は、2000年35.5人、2005年80.3人、2010年81.9人をピークに減少傾向ではあるが、2013年64.2人、2014年には55.5人である。統計庁の『高齢者統計』（2013年）によれば、公的年金（国民年金、公務員年金、私学年金）受給者は全体老年人口の37.6％にすぎない。国民年金の現役世代の手取り賃金に占める割合である「所得代替率」が韓国は45％で、OECD加盟国平均の66％、日本の62.7％（2014年）をはるかに下回っている。一方、老年人口の相対的貧困率は48.1％で、全体相対的貧困率14.6％に比べて3.3倍高い（統計庁『家計動向調査』2013年）。

　公的年金が老年人口の貧困解消に十分な役割を果たしていない韓国で少子化が進むと、生産年齢人口の福祉費用負担は増加するので、国家経済と社会の活力が低下し、成長潜在力が落ちることにつながる。少子化対策だけでな

表2　少子高齢化推移の韓日比較

	韓国	日本
総人口 総人口ピーク	2012年　5000万人突破 2030年　5216万人	1967年　1億人突破 2008年12月　1億2810万人
人口置換水準到達	1983年　2.1	1974年　2.07
合計特殊出生率	2005年　1.08（最低記録） 2014年　1.21 （OECD34カ国のなかで34位）	2005年　1.26（最低記録） 2014年　1.42 （OECD34カ国のなかで30位）
高齢化社会 高齢社会 超高齢社会	2000年　7.2% 2018年　14.3% 2026年　20.8%	1970年　7.1% 1994年　14.1% 2006年　20.8%
高齢化率 高齢化率（推計）	2014年　12.7% 2050年　37.4%	2013年　25.1% 2050年　38.8%
生産年齢人口ピーク 人口逆転現象	2016年（推計） 2017年（推計）	1995年 1997年
老年人口指数	2010年　15.2% 2030年（推計）38.6%	2010年　36.1% 2030年（推計）54.4%

く、高齢者労働力の活用対策は、高齢者の生活安定のみならず経済社会の活力を維持する側面からも非常に重要である。

参考文献
裵　海善「韓国高齢者の雇用実態と高齢者雇用促進政策」筑紫女学園大学・筑紫女学園大学短期大学部『紀要』第4号、2009年1月
裵　海善「少子化対策の韓日比較」大韓日語日文学会『日語日文学』第55輯、2012年8月

コラム

【人口構造・高齢化関連用語】
総人口に占める年齢3区分
 年少人口：0〜14歳人口
 生産年齢人口：15〜64歳人口
 老年人口：65歳以上人口

従属人口指数（％）：働き手の人口に対する扶養される人口の割合
 年少人口指数＝（年少人口÷生産年齢人口）×100
 老年人口指数＝（老年人口÷生産年齢人口）×100
 従属人口指数＝（（年少人口＋老年人口）÷生産年齢人口）×100
 老年化指数＝（老年人口÷年少人口）×100

高齢化率：総人口に占める65歳以上人口の割合
 高齢化率＝（老年人口÷総人口）×100
 高齢化社会（Aging Society）：高齢化率7％以上
 高齢社会（Aged Society）：高齢化率14％以上
 超高齢社会（Super-aged Society）：高齢化率21％以上

人口オーナス
 人口オーナスとは、人口構成の変化が経済にとってマイナスに作用する状態をいう。オーナス（onus）は重荷・負担の意で、一国の人口構成で、老年人口が急増する一方、生産年齢人口が減少し、財政、経済成長の重荷となった状態。

人口ボーナス
 「人口ボーナス」とは、人口構成の変化がプラスに作用する状態をいう。年少人口と老年人口に比べ、生産年齢人口が増加していくことによって、経済成長が後押しされる状態。

第3章

少子化の原因
——韓国と日本との比較

　有効な少子化対策を実行し成果を高めるためには、少子化の原因をまず確認する必要がある。近年の韓国と日本の少子化現象は、多様な要因の複合的作用の結果である。韓国と日本の少子化の主な直接原因は晩婚化や晩産化の進展により、女性1人当たりの生涯に生む子供の数が減少していることである。

　他にも、結婚や育児、教育環境に高い条件を求める傾向が強まっていること、若年労働者の失業増加や非正規雇用の増加による雇用不安や所得低下、女性の雇用者率が高まっているが、育児と仕事を両立するのが困難であること、育児休業制度は定着しつつあるが給付金が少なく、育児休業が取得しやすい環境が整えられていないこと、等の価値観の変化、経済的要因、制度的な要因等が指摘されている。

　本章では、少子化の原因として、晩婚化や晩産化、若者の雇用不安定、育児と仕事の両立の難しさ、教育費等の子育てコストの増加に焦点をおき、その実態を韓国と日本で比較する。

1．晩婚化（高学歴化の影響）

　晩婚化が進む背景として、女性の高学歴化や就労機会の増加などによるライフ・スタイルの変化、結婚や育児の人生における優先順位の低下などが挙

げられる。〈図1〉は、韓国と日本の男女大学進学率を示したものである。韓日ともに大学と短期大学などへの現役進学率で、過年度高卒者（大学浪人生）は含めていない。男女合わせた大学進学率は1993年から韓国が日本を上回っている（1993年、韓国38.4％、日本34.5％）。2014年の時点で、日本の性別大学進学率は、男性は51.6％、女性は56.2％である。

　韓日ともに、1990年代に入ってから大学進学率が増加しているが、その背景には大学の設立条件が緩和されたことがあげられる。韓国では大学の設立のためには政府の許可を必要とする許可制であったが、1996年からは一定の条件を満たせば大学設立が自由になり、大学入学定員も自由に決めることができたのである。教育部の『教育基本統計』によれば、大学数は1990年265校から2005年には419校へと増加し、入学生数も増加した。日本も1990年代以後、学部の多様化と大学間の競争による質的向上を目的に日本政府が大学設立基準を緩和した。

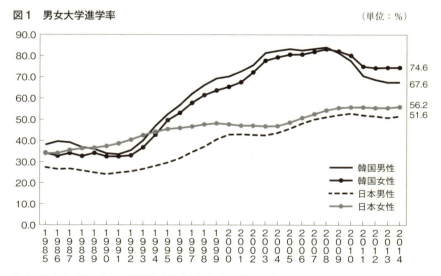

図1　男女大学進学率　　　　　　　　　　　　　　　　　　　（単位：％）

出所：教育部・韓国教育開発院『教育統計年報』、文部科学省『学校基本調査』により筆者作成
注：1）韓国の進学率は当該年度卒業者のなかで、国内外の大学（教育大学、産業大学、技術大学、放送通信大学含む）へ進学した人の割合である（過年度高卒者は含めない）。2月卒業時における大学進学者の基準を2010年までは「大学合格者」にしたが、2011年からは「大学登録者」を基準とする。2）日本の進学率は大学・短期大学等への現役進学率（大学の学部・通信教育部・別科, 短期大学の本科・通信教育部を含む）である（過年度高卒者は含めない）。

韓国の大学進学率は2008年をピークに低下している。また2009年には初めて女性の大学進学率が男性を上回り、2014年現在、男性の大学進学率は67.6％、女性の大学進学率は74.6％で、女性のほうが７％ポイント高い。日本は女性の大学進学率が男性を上回っているが、2000年代に入ってから男女のギャップが小さくなっている。

２．晩婚化（初婚年齢の韓日比較）

　女性の大学進学率上昇や結婚に対する価値観の変化などにより、結婚年齢も遅くなっている。〈図２〉は韓日の男女平均初婚年齢を示したものである。韓国人の平均初婚年齢は、2014年で夫が32.4歳、妻が29.8歳である。20年前の1990年に比べると、夫は4.6歳、妻は５歳上昇した。
　なお、20〜40代の未婚男女の結婚・出産に対する考え方も変わっている。韓国の保健福祉部・韓国保健社会研究院が20〜44歳の未婚男女3477人を対象にした調査によると（図３）、結婚・出産が必要であると考える若年層が少なくなっている。「結婚意思あり」を2005年と、2009年で比較すると、男性

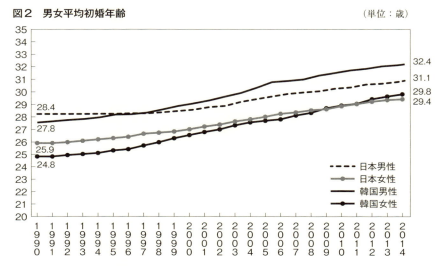

図２　男女平均初婚年齢　　　　　　　　　　　　　　　　　（単位：歳）

出所：厚生労働省『人口動態統計』、統計庁『人口動態統計年報』により筆者作成

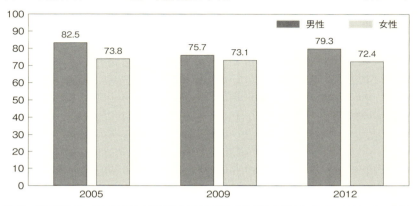

図3　未婚男女(20～44歳)の「結婚意思あり」　　　　　　　(単位：％)

出所：保健福祉部・韓国保健社会研究院『全国結婚及び出産動向調査』(2005、2009、2012年)により筆者作成

は82.5％から75.7％へと下がったが、2012年調査では79.3％へ高まっている。一方、女性は73.8％から73.1％、また72.4％へと一貫して低下している。

　一方、日本人の平均初婚年齢は、2014年で、夫が31.1歳、妻が29.4歳で、20年前と比べると、夫は2.7歳、妻は3.9歳上昇したことになる。晩婚化のスピードは日本に比べて韓国のほうが早く、初婚年齢は、男性は1997年から、女性は2006年から、韓国のほうが日本に比べて高くなっている。

3. 晩産化

　結婚が遅くなると、子供を生む母親の年齢が高くなり、生む子どもの数も少なくなる。〈図4〉は第1子出生時の母親の平均年齢を示したものである。晩婚化で平均出産年齢は毎年上昇し、過去最高を更新している。約20年間の推移をみると、韓国は1993年26.2歳から2014年の31.0歳へと4.8歳遅くなっており、日本は1993年27.2歳から2014年30.4歳へと3.2歳遅くなった。晩産化のスピードは韓国のほうが日本より早く、2006年から韓国のほうが日本を上回っている。

　今後、晩婚化が続くと、年齢的な限界から子供を生むことを断念せざるを

図4　第1子出生時の母親の平均年齢　　　　　　　　　　　　（単位：歳）

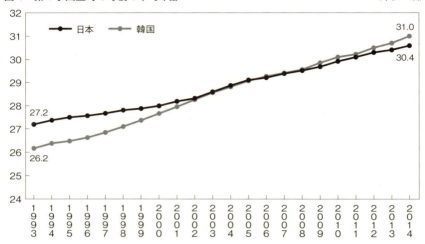

出所：統計庁『人口動向調査』、厚生労働省『人口動態調査』により筆者作成

得ない女性が増加し、出生率にも影響を及ぼすことになる。したがって、少子化対策として、若者の結婚を支援し、初婚年齢を引き下げる政策に重点が置かれるべきである。

4．若者の雇用不安定

　若年の雇用不安定は少子化の主な原因の1つである。韓日ともに若年雇用者は増加傾向であるが、若年の失業率は高く、非正規雇用率が高い。雇用が不安定で、収入が少ないため、結婚をあきらめるか結婚を遅らせる若年が韓日ともに増えている。韓国の場合、『全国結婚および出産動向調査』（2012年）によると、若者の非婚および晩婚の原因として「職場を探すことができなかったため、または安定した職場が見つからなかったため」と答えた応答者が未婚男性の87.8%、未婚女性の83.5%である。

　日本の調査としては、内閣府の『家族と地域における子育てに関する意識調査』（2013年）によれば、「若い世代で未婚または晩婚が増えている理由」として、男性では「経済的に余裕がないから」（52.0%）が最も多い。女性で

図5　若年（20 〜 29歳）失業率の推移　　　　　　　　　　　　　　（単位：％）

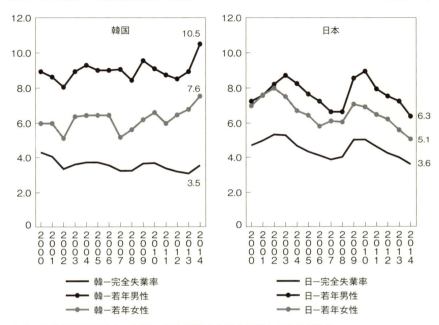

出所：統計庁『経済活動人口年報』、総務省『労働力調査年報』により筆者作成
注：20 〜 29歳失業率＝（20 〜 29歳失業者÷ 20 〜 29歳労働力人口）× 100

は「独身の自由さや気楽さを失いたくないから」（55.3％）が1位となっており、次いで、「経済的に余裕がないから」（43.8％）で、男女ともに、経済的な理由が高い。

〈図5〉は韓国と日本の全体完全失業率と20 〜 29歳の若年失業率を示したものである。2014年現在、全体失業率は、韓国は3.5％、日本は3.6％で大きな差はない。ところが、20 〜 29歳の若年失業率は、韓国のほうが日本より高く、2014年現在、韓国の場合、男性若年は10.5％、女性若年は7.6％であるが、日本の場合、それぞれ6.3％と5.1％である。韓国の若年の就職難が日本より深刻であることがわかる。

〈表1〉は、韓日の若年雇用者のなかで非正規雇用が占める割合を示したものである。韓日の統計上の年齢区分の違いにより、韓国は20 〜 29歳、日本は25 〜 34歳を対象とした。まず、若年雇用者のなかで若年非正規雇用が

占める割合は、韓国は39.0％、日本は26.0％で、韓国のほうが高い。非正規雇用率を男女別に分けてみると、韓国は男性41.0％、女性38.0％で、男性のほうが高い。日本は男性14.0％、女性は41.0％で、女性のほうが高い。

若年非正規雇用のなかで、労働時間が短いパート・アルバイトが占める割合をみると、韓国は39.0％、日本は59.0％である。若年労働者のなかで、韓国は4割弱、日本は3割弱が非正規雇用である。また非正規雇用のなかでもパート・アルバイトや短時間労働者が多いということは、若年労働者は雇用が不安定な状況に置かれており、また収入が少ないことを意味する。

表1　韓日の若年雇用者の正規・非正規雇用比率（2010年）

韓国（単位：万人、％）					日本（単位：万人、％）				
	雇用者	正規雇用	非正規雇用	時間制		雇用者	正規雇用	非正規雇用	パート・アルバイト
20〜29歳計	3440 (100.0)	2091 (61.0)	1349 (39.0) (100.0)	521 (39.0)	25〜34歳計	1154 (100.0)	856 (74.0)	298 (26.0) (100.0)	176 (59.0)
20〜29歳男性	16 (100.0)	948 (59.0)	661 (41.0) (100.0)	198 (15.0)	25〜34歳男性	653 (100.0)	562 (86.0)	91 (14.0) (100.0)	41 (45.0)
20〜29歳女性	1832 (100.0)	1143 (62.0)	689 (38.0) (100.0)	322 (47.0)	25〜34歳女性	501 (100.0)	294 (59.0)	207 (41.0) (100.0)	135 (65.0)

出所：統計庁『経済活動人口年報』、総務省『労働力調査年報』により筆者作成
注：1）韓国の時間制（短時間）労働者とは1週所定労働時間が36時間未満の労働者である。2）日本の雇用者は「役員を除く雇用者」である。

5. 育児と仕事の両立の難しさ

産業化の進行とともに家族従業者世帯が減少し、雇用者世帯が増加する傾向である。女性が家族従業者として働く場合には育児をしながら仕事が可能であるのに対し、女性雇用者は出産や育児による制約を強く受ける。OECD諸国のなかでも韓国と日本の年齢階級別女性労働力率はM字型カーブとして知られている。それは女性雇用者の出産や子育ての負担が重く、出産ととも

図6 年齢別女性雇用者率の40年間の推移（1970、2010年）　　　　（単位：％）

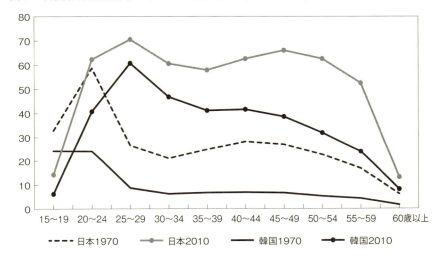

出所：統計庁『人口住宅総調査報告書』（1970年、2010年）、総務省『労働力調査年報』（1970年、2010年）により筆者作成
注：女性の年齢階級別雇用者率＝年齢階級別(女性雇用者人口÷女性15歳以上人口)×100

に仕事をやめる傾向が根強いため現れた現象である。女性が働きながら子育てができる環境が整えられていないのが少子化の原因にもなる。

〈図6〉は韓日の女性雇用者率の40年間の推移を示している。韓国の年齢階級別女性雇用者率データは、5年ごとに調査が行われる『人口住宅総調査報告書』から得られる。女性労働力は雇用者、家族従業者、自営業者を含めている。韓日の産業化の発展段階が異なるため、女性の社会進出や労働市場での実態を比較するためには年齢階級別女性雇用者率データで比較する必要がある。

韓国の場合、1970年の女性雇用者率は、15～24歳の若年層では24％程度であるが、出産とともに仕事をやめる傾向で、中高年女性層での雇用者率は5％程度で非常に低い。かつて多くの中高年女性は農業部門で家族従業者として働いたが、経済成長とともに、製造業やサービス業部門での女性の就業機会が増え、また出生率低下や家電製品の普及などにより中高年女性の雇用者率も高まった。2010年の女性雇用者率をみると、女性の大学進学率上昇を

第3章　少子化の原因——韓国と日本との比較　39

反映し、15 〜 19歳の雇用者率は低いが、他のすべての年齢層にかけて雇用者率が上昇している。しかし、出産とともに仕事をやめる傾向が根強く、25 〜 29歳をピークに雇用者率は下がる。

　日本の場合、1970年には多くの女性雇用者は出産とともに仕事をやめる傾向がみられたが、2010年には、15 〜 19歳の若年層を除いたすべての年齢層で雇用者率が高まった。25 〜 29歳をピークとして雇用者率が下がるのは韓国と同じであるが、育児後、パートタイマーとして再就職する女性雇用者が多いことを反映し、よりはっきりしたM字型カーブに変わっている。

　韓国と日本ともに、有給の育児休業制度はあるが、多くの女性雇用者が出産や育児のために仕事をやめるため、経歴断絶現象が続いている。韓国の場合、統計庁（『地域別雇用調査』2014年）によれば、15 〜 54歳の既婚女性のなかで、40.7％が就業していない非就業状態であるが、経歴断絶理由として、結婚退職が41.6％、妊娠・出産22.1％、育児31.7％を挙げている。

　日本も状況は同じで、日本の内閣府の『子ども・子育て白書』（2011年）によれば、出産前に仕事をしていた女性の約6割が出産を機に退職している。また、出産を機に退職した女性の約4分の1が、仕事を続けたかったが、仕事と育児の両立が難しいという理由で仕事をやめている。

　韓日ともに、法的に保障されている出産休暇90日と育児休業1年を多くの女性たちは取れずにいるのが実情である。韓国の育児休業は2001年から有給ではあるが給付金が少ない。2011年からは給付金は定率制となり、通常賃金の40％が支給される。日本の育児休業給付金は2014年4月からは、育児休業開始後180日目までは休業開始前の賃金の67％となり、181日目からは、休業開始前の賃金の50％が支給される（2014年3月までは、育児休業の全期間について休業開始前の賃金の50％が支給された）。

　韓日ともに男性の育児休業制度の利用率が低いことから、日本は2010年6月から「パパ・ママ育休プラス制度」を、韓国では2014年3月から「父母育児休業制度」を導入している。育児休業制度の利用率が近年高まり、女性雇用者の育児休業取得率は韓国は82.7％（2014年）、日本は83.0％（2013年）である。しかし、これは産休利用者のなかで占める割合で、出産・子育てが女性の経歴断絶に及ぼす影響は相変わらず大きい。というのは、育児休業取得率

は「出産した女性労働者」を分母とし、出産前に就業継続を断念した女性は分母に含まれていないことに留意する必要がある。たとえば日本の場合、出産前後で就業を続ける女性は全体女性の27％であり、育児休業者はそのうちの8割である。

　産前後休暇制度、育児休業制度が有給化しているが、給付金が少なく、育児休業を経て職場復帰すれば報酬面や昇進面で不利益になるのが現実である。また、韓日ともに、男性中心の企業風土が根強く、長時間労働慣行であるため、育児期の女性は仕事か育児を選択することになる。OECD加盟国34カ国の平均年間総実質労働時間を比較すると（OECD、StatExtracts、2013年）、韓国は、2012年2163時間で、OECD加盟国34カ国のなかで33位である。韓国は2000年には2512時間であったが、2004年7月から週休2日制が段階的に実施され、労働時間が近年短くなっているが、OECD平均労働時間1770時間に比べればはるかに長い。一方、日本は近年5年連続労働時間が下がり、2013年1735時間である（厚生労働省『毎月勤労統計調査』（2014年）では1741時間）。

6．教育費負担

　少子化の主な要因として見過ごしてはならないのが、子育てにかかる教育費である。内閣府が実施した「少子化社会に関する国際意識調査」（2011年）によると（表2）、希望する子供の数は、韓国は平均2.2人、日本は平均2.3人である。

　希望する子供の数よりも今いる子供の数が少ない人のなかで、子供を増やしたくない理由を女性に尋ねたところ、韓日ともに「子育てや教育にお金がかかりすぎるから」が最も高く、韓国78.3％、日本39.5％である。他に、韓日ともに、「働きながら子育てができる職場環境がないから」「自分または配偶者が高年齢で、生むのがいやだから」が占める割合が高いことから、高い教育費負担、子育てと仕事の両立が難しい職場環境、晩婚化などが韓日共通の少子化の原因であるのがわかる。

　また、子供のいる人、子育て経験のある人に、子供に関する支出は、世帯の家計にとって、どのように感じられるのか尋ねたところ、韓国は、「重く

感じる」31.6％と「ある程度重く感じる」44.8％を足した割合は76.4％で最も高い。日本は、「重く感じる」7.1％、「ある程度重く感じる」30.5％、「適当な負担だと思う」は41.4％を占め、韓国のほうが日本より教育費の負担が重いことがわかる。

とくに、学歴社会である韓国では、子育ての経済的負担が少子化の大きな要因として指摘されている。OECD統計（OECD, Education at a Glance 2010）によると、2007年OECD加盟国のなかで、国内総生産に対する学校教育費のうち、家計が負担する私費負担教育費は、韓国が2.8％と最も多く、チリ2.7％、アメリカ2.6％、日本1.6％の順である。〈表3〉は統計庁の『社会調査』（2014年）により、韓国家計の子供の教育費負担要因を示したものである。教

表2 子供を増やしたくない理由と子育て負担（2010年） (単位：％)

希望する子供数と今いる子供数（平均人数）			
韓国（n=1,005）		日本（n=1,248）	
希望する子供の数	今いる子供数	希望する子供の数	今いる子供数
2.2人	1.1人	2.3人	1.2人

子供を増やしたくない理由（単位：％、複数回答）									
	子育てや教育にお金がかかりすぎるから	保育サービスが整っていないから	雇用が安定しないから	働きながら子育てができる職場環境がないから	家が狭いから	自分または配偶者が高年齢で、生むのがいやだから	子供がのびのび育つ社会環境でないから	自分や夫婦の生活を大切にしたいから	妊娠出産のときの身体的精神的な苦痛が嫌だから	健康上の理由から
韓国女性（n=69）	78.3	17.4	2.9	34.8	7.2	33.3	10.1	5.8	14.5	7.2
日本女性（n=114）	39.5	7.9	14.9	26.3	11.4	35.1	7.0	6.1	6.1	18.4

子供に関する支出の負担（％）						
	重く感じる	ある程度重く感じる	適当な負担だと思う	あまり重くない	重くない	わからない
韓国（n=594）	31.6	44.8	13.6	5.1	4.0	0.8
日本（n=747）	7.1	30.5	41.4	11.9	7.0	2.1

出所：内閣府『少子化社会に関する国際意識調査報告書』（2011年3月）により筆者作成
注：調査対象は20～49歳の男女

育費のなかで、最も大きい負担要因は「補習教育費」で、次に「学校授業料」の順である。

表3　韓国の子供の教育費負担要因　　　　　　　　　　　　　　　　（単位：％）

		計	学校授業料	補習教育	教材費	下宿・自炊・寮費など	その他
子供の保護者年齢	30~39歳	100.0	7.5	89.9	2.1	0.5	-
	40~49歳	100.0	20.0	76.0	1.1	2.5	0.4

出所：統計庁『社会調査』2014年により筆者作成

7. 結婚・出産・子育てをめぐる状況

日本の内閣府は2005年から韓国や日本を含めた5カ国の少子化社会に関する意識調査を行ってきた。〈表4〉では、内閣府が2011年3月に実施した

表4　妊娠・出産支援策および育児支援施策として重要な要因

	妊娠・出産時の身体的・経済的負担を軽減する施策（％，複数回答）				
韓国1005人	出産費用を助成することにより、自己負担をなくすこと 65.5	産前・産後の休業期間を拡大すること 35.8	妊娠中の健康診断を無料で受けられるようにすること 32.0	家事援助などを行うヘルパーの訪問サービスの充実 20.5	母子保健サービスを充実すること 19.1
日本1248人	出産費用を助成することにより、自己負担をなくすこと 64.2	妊娠中の健康診断を無料で受けられるようにすること 40.7	産前・産後の休業期間を拡大すること 28.8	不妊治療に対して助成すること 26.2	母子保健サービスを充実すること 20.4
	育児支援する施策の上位5項目（％，複数回答）				
韓国1005人	教育費の支援、軽減 70.7	保育所の時間延長など、多様な保育サービスの充実 55.0	雇用の安定 36.7	出産・育児による休職後の職場復帰保障の充実 34.3	子供に対する犯罪の防止等、地域における治安の確保 31.8
日本1248人	教育費の支援、軽減 58.1	保育所の時間延長など、多様な保育サービスの充実 55.8	小児医療の充実 53.0	育児休業を取りやすい職場環境の整備 46.1	雇用の安定 45.4

出所：内閣府『少子化社会に関する国際意識調査報告書』（2011年3月）
注：日本、韓国、アメリカ、フランス、スウェーデンの5カ国(20～49歳までの男女)を対象にし、調査時期は2010年10～12月で、調査員による「カード」を用いた個別面接サンプルである。

「少子化社会に関する国際意識調査報告書」のなかで、少子化と関連した、いわゆる妊娠や出産支援策と育児支援政策と関連して重要であると答えた施策を1位から5位までまとめたものである。

「妊娠・出産時の身体的・経済的負担を軽減する施策として何が重要か」の質問に関して、韓日ともに、「出産費用の助成により自己負担をなくすこと」が1位で、次に「産前・産後の休業期間の拡大」と「妊娠中の無料健康診断」を回答した人が多い。

一方、「育児を支援する施策として何が重要だと思いますか」の質問に関しては、韓日ともに、「教育費の支援、軽減」が1位（順に70.7％、58.1％）で最も多く、「保育所の時間延長など多様な保育サービス充実」が2位（順に55.0％、55.8％）である。3位からの順位をみると、韓国は「雇用の安定36.7％」「出産・育児による休職後の職場復帰保障の充実34.3％」の順であるが、日本は「小児医療の充実53.0％」「育児休業を取りやすい職場環境の整備46.1％」の順で、韓日で置かれた職場での環境や社会環境に若干差があるのがわかる。

参考文献

裵　海善「若年雇用構造実態の韓日比較分析」大韓日語日文学会『日語日文学』第47輯、2010年8月

裵　海善「日本女子労働の構造変化と供給決定要因のタイムシリーズ分析」東アジア日本学会『日本文化研究』第41輯、2012年1月

裵　海善「少子化原因の日韓比較」筑紫女学園大学・筑紫女学園大学短期大学部『紀要』第8号、2013年1月

Haesun Bae,"Determinants of the Labor Force Participation of Married Female Employees in Japan: A Cross-section Analysis", *Journal of Japanese Language and Literature*, Vol. 61, 2014

コラム

【韓国の少子化と大学の構造改革】

　大学教育研究所の「大教研統計」によると、4年生一般大学の在学生数は、1960年9万2930人、1970年には14万6414人であった。しかし、全斗煥（チョン・ドゥファン）政権の1981～87年までの大学卒業定員制度、金泳三（キム・ヨンサム）政権の1993年からの大学定員自律化政策により大学生数は急増し続け、1990年に100万人を超え、2010年には200万人を突破した。

　しかし、教育部の「教育基本統計」2015年（4月1日）によると、4年制一般大学189校に在学する学生数は211万3293人で史上初めて減少に転じ、2014年213万46人に比べ1万6753人（0.8％）減少した。大学生数減少の原因は、少子化の影響で学齢人口が減り続けている上に、政府の構造改革政策に基づき各大学が入学定員を削減しているためである。

　現在、大学の構造改革が進められているため、今後も4年制一般大学の在籍学生数はさらに減少する見込みである。韓国教育部は2015年8月31日、大学構造改革評価結果を発表した。政府の構造改革評価を受けた4年制一般大学163校、専門大学（日本の短期大学）135校のなかで、低い評価を受けた大学や専門大学は2016年からは政府の支援が受けられなくなり、退出することになる。

韓国の大学種類と数　　　　　　　　　　　　　　　　　　　　　　　　　　（2014年基準）

	区分	種類と学校数	計
4年制大学	高等教育法による学校	一般大学189（中、国立31校、公立1校）、教育大学10（国立）、産業大学2、技術大学1、放送通信大学1（国立）、各種学校2、遠隔大学1、サイバー大学17、社内大学3	226
	特別法および個別設置令による学校	警察大学1、韓国科学技術院（KAIST）1、光州科学技術院（GIST）1、大邱慶北科学技術院（DGIST）1、陸・海・空軍士官学校3、国軍看護士官学校1、韓国芸術総合学校1、韓国伝統文化大学1	10
		計	236
2・3年制大学	高等教育法による学校	専門大学139（中、国立2校、公立7校）、各種学校1、遠隔大学1、サイバー大学2、社内大学5、専攻大学3、技能大学12	163
	個別設置令による学校	韓国農水産大学1、韓国ポリテック大学11	12
		計	175

出所：韓国教育開発院『教育基本統計』を参考に筆者作成

第 2 部

少子化対策

第4章

政府の少子化対策

　韓国の少子化は他の先進国に比べて早いスピードで進んでいる。2001年、合計特殊出生率が1.3で超少子化国となり、2014年現在1.21で、OECD34カ国のなかで最も低い。現在の趨勢が続くと、2017年には生産年齢人口が減少し、2030年からは総人口が減少するという見通しが出ている。

　少子化が進むと現在の人口が維持できなくなり、労働力供給減少、投資と消費減少による経済成長の鈍化、年金等の社会保障の支え手である被保険者数の減少と将来世代の負担増加など、さまざまなところで影響を及ぼす。経済発展初期段階から高度成長期にかけて出産抑制政策を実施してきた韓国政府は、急速に進む少子高齢化社会に対応するため、2005年「低出産・高齢社会基本法」を制定し、5年ごとに「低出産・高齢社会基本計画」（セロマジ・プラン）を策定するなど、出産奨励政策を進めている。

1．政府の少子化対策の概要

少子化関連法令や制度の整備

　韓国で少子化対策が本格化したのは2005年からである。2005年の合計特殊出生率が1.08まで下がると、急速な少子高齢化の進行に危機感を感じた政府は、約35年間実施してきた出産抑制政策を出産奨励政策へと転換し、少子高齢化社会への対応を国家的課題として設定した。2005年5月「低出産・高齢

社会基本法（法律第7496号）」を整備し、第20条、21条に基づき、5年ごとに「低出産・高齢社会基本計画」を策定している。

　2006年7月、保健福祉部は「第1次低出産・高齢社会基本計画（セロマジ・プラン2006～2010年）」（以下、「基本計画」と称する）を作成し、同年8月から実施した。「基本計画」の別名である「セロマジ・プラン」は、政府の少子化政策ブランドである。「セロ」は「新しい希望に満ちた出産」、「マジ」は「老後生活の終わりまで美しくて幸せに暮らす」という意味である。すなわち、セロマジとは「希望に満ちる未来と幸せな社会を新たに迎える」との意思が含まれた造語である。

　2010年11月には『第2次低出産・高齢社会基本計画（セロマジ・プラン2011～2015年）』の内容を作成し、2011年11月から実施している。「第2次基本計画」では、新婚夫婦の住宅負担を減らし若者の結婚を奨励する制度、共働き世帯の女性の仕事と養育を支援する政策、出産・育児期の非正規女性労働者の保護対策、教育費支援、職場保育施設設置を活性化する対策など、韓国の少子化の原因を反映した支援策を盛り込んだ。投資規模も第1次基本計画に比べて79％増加した39.7兆ウォンを投入し、2020年には出生率を1.6に回復させるとの目標である。

　一方、政府の少子化対策の効果に関して悲観的な見解も多い。政府の少子化対策の実施以来、低出産率に対する国民の関心は高まったが、予算規模（対GDP比）からみると、少子化問題を一挙に解決するのは容易ではない。出産率を高めるためには財源確保が必要であるが、保健福祉部によれば、国内総生産（GDP）に対しての出産支援の政府支援予算の割合は0.4％に過ぎず、OECD平均の2.3％、フランスの3.8％、日本の1.2％を下回る。また少子化対策の予算の多くが保育費支援に集中しているため、出生率上昇効果が低いとの指摘もある。

基本計画の概要

　〈図1〉は第1次基本計画と第2次基本計画の概要をまとめたものである。推進課題は①少子化、②高齢化、③成長動力、④社会雰囲気助成の4大分野に分かれており、第1次基本計画では237事業、第2次基本計画では231の細

図1　低出産・高齢社会基本計画の概要

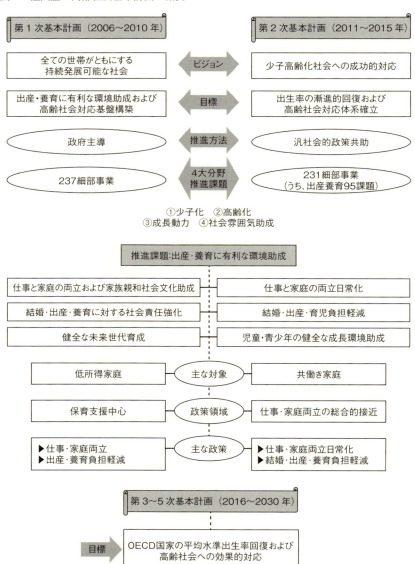

出所：大韓民国政府『第1次低出産・高齢社会基本計画2006～2010年（補完版）』、大韓民国政府『第2次低出産・高齢社会基本計画2011～2015年』により筆者作成

部事業があり、そのなかで出産・育児と関わる事業は95課題である。

　第1次基本計画と第2次基本計画の少子化対策の主な違いは、支援対象が低所得家庭から共働き家庭まで含めたこと、政策領域も保育支援中心から仕事・家庭両立支援まで広がったこと、主な政策が仕事・家庭の両立を日常化するとともに、出産や養育の他に結婚負担も軽くする内容を盛り込んでいることである。推進方式においても、第1次基本計画の時は政府主導であったが、第2次基本計画では汎社会的共感を得て出生率を徐々に回復し、2016〜2030年にはOECD国家平均水準まで出生率を回復するとの目標である。

第1次基本計画の成果と限界

　第1次基本計画案に基づいて、仕事と家庭の両立を目的に、2007年12月には「ファミリー・フレンドリー社会環境の助成促進に関する法律」を制定、ファミリー・フレンドリー企業を認証し、企業対象の教育を実施した。2007年12月には、「男女雇用平等と仕事と家庭両立支援に関する法律」を改正し、配偶者出産休暇（3日）と育児期の労働時間短縮制度（15〜30時間）を導入した。なお、2009年6月には、「子ども生みやすい世の中運動本部」を設立し、汎国民キャンペーンを行って国民の理解を高めてきた。

　第1次計画の成果としては、幼児保育や教育費支援率が21.9％（2005年）から42.0％（2010年）へと増加し、育児休業制度利用率が26.0％（2005年）から50.2％（2010年）へと高まったことが挙げられる。また第1次基本計画が実施されてから低出産の深刻さに対しての国民の意識が非常に高まり、保健福祉部が実施した『低出産高齢化社会国民認識調査』（2008年）によれば、「低出産問題は非常に深刻である」と答えた比率が2008年14.7％から2009年31.5％へと2倍となった。なお、深刻であると答えた場合、「低出産問題が本人の暮らしに影響を与える」と答えた人の割合も2008年12.1％から2009年21.2％へと高まった。

　しかし、第1次基本計画の成果に関して次の問題点が指摘されている。第1に、共働き世帯に対する政策的配慮が不十分であったこと、第2に、少子高齢化が社会全般に与える影響を考慮した総合的な対策が必要であるが、少子化政策が「保育支援部門」に偏ったこと、第3に、汎国民的参加が求めら

れるが、民間部門の参加が不十分であり、企業側の認識の改善が必要であること、第4に、若年層の結婚・出産の必要性に関しての意識はむしろ低下した傾向があること、などである。

第2次基本計画の概要

第2次基本計画では、少子化対策としての子育て支援策の主な内容を、仕事と子育ての両立支援策、教育費支援や子供が多い家庭への支援策、保育サービス支援策の3点に重点を置き、2011年から支援内容を強化してきた。出産と育児と関わる事業は95課題で、「仕事と家庭の両立日常化（24課題）」「結婚・出産・育児負担軽減（46課題）」「児童・青少年の健全な成長環境助成（25課題）」に細分されている。

〈図2〉は政策の内容を結婚・妊娠・出産・子育て支援の流れ順にまとめたものである。政府の少子化政策は政府主導による共通事業と地方自治団体の事業にわかれている。〈表1〉では、政府主導による共通事業をまとめた。

第3次基本計画の概要

大統領直属委員会である低出産高齢社会委員会は、2015年2月5日、『第3次低出産・高齢社会基本計画（2016～2020年）』の制定方向を、同年10月18日には、第3次基本計画案を発表した。

第1次や第2次基本計画との大きな違いは、第3次基本計画では、結婚、出産、育児を奨励する政策が強化され、晩婚化の緩和、共働き世帯の出生率の引き上げ、出産と子育てに対する社会的責任を中心課題としている。とくに、晩婚化の主な原因として住宅費負担、若者の雇用不安をあげ、新婚夫婦用の住宅供給増加、若年の雇用率改善により、結婚しやすい環境を整える方針である。

第1次と第2次基本計画で強調した出産・養育への支援は第3次基本計画でも続けられる。妊娠と出産費用を持続的に軽減し、中小企業の職場オリニジップ（保育所）を持続的に増やすとともに、男性の育児休業を奨励するための「パパの月インセンティブ」を現行1カ月から3カ月へと伸ばす計画である。

図2 政府の結婚・妊娠・出産・子育て支援の流れ

結婚妊娠出産支援	ビジョン →	少子高齢化社会への成功的対応
	妊娠・出産支援 →	妊娠・分娩脆弱地域に対する保健医療インフラ支援拡大 妊娠・出産費用支援拡大、難妊夫婦への支援 母性および幼児健康管理強化支援 産婦・新生児ヘルパーサービス支援

子供の成長段階別支援	児童成長段階別支援 →	12歳までの児童の民間医療機関予防接種支援 0〜5歳幼児世帯保育・教育費全額支援対象拡大 共働き世帯を優先的に保育・教育費支援強化 保育施設未利用児に対する養育手当支援拡大 小学生向けの終日ヘルパー教室拡大 青少年の放課後アカデミー拡大および内実化

世帯特性別支援	共働き世帯支援 →	産前後休暇給付金、流産・死産休暇給付金 育児休業給付金、配偶者出産休暇 育児期労働時間短縮給付、経歴断絶女性の雇用促進支援 低所得・共働き家庭の保育所入所優先順位付与
	多子世帯支援 →	住宅購入支援、高校授業料・奨学金支援、所得控除支援 自動車取得税・登録税全額免除
	入養家庭支援 →	養子入りした子の養育手当および医療費支援
	障害児童家庭支援 →	障害児保育費全額支援、教育費支援
	多文化家庭支援 →	保育・教育費全額支援
	農漁業家庭支援 →	農漁業家庭の幼児養育費の支援

出所:大韓民国政府『第2次低出産・高齢社会基本計画2011〜2015年』、保健福祉部『幸せな我が子』2011年より筆者作成

表 1　政府主導による少子化対策事業

政府主導による共通事業		
結婚・妊娠・出産支援策	結婚奨励のための社会的配慮	▶配偶者が出産した現役兵は、常勤予備役への編入可能 ▶学生夫婦のための国公立大学・大学院の既婚者寮制度拡大 ▶低所得層の既婚者に奨学金の優先順位付与
	新婚夫婦住居負担軽減	▶新婚夫婦対象の住宅資金支援拡大 ▶新婚夫婦に国民賃貸住宅への入居優先権付与
	妊娠・分娩施設不足地域への医療支援	▶農漁村等、分娩施設が不十分である地域に対する保健医療インフラ支援強化 ▶新生児集中治療室拡大 ▶産婦人科の健康保険酬価(診療費)改善
	妊娠・出産費用支援拡大	▶難妊夫婦への支援拡大 ▶妊娠・出産診療費支援拡大 ▶民間医療機関予防接種支援費用の段階的拡大
	母性および幼児健康管理強化	▶Mother Safe プログラム運営 ▶母性・幼児健康管理強化 ▶産婦・新生児ヘルパーサービス強化
仕事と家庭の両立支援	育児休業制度改善	▶雇用保険の育児休業給付金を「定額制」から「定率制」へ変更 ▶育児休業復帰インセンティブ導入 ▶育児休業期間中の健康保険料を50%から60%へと軽減 ▶育児休業制度の代替人力支援体系開発
	育児期の労働時間短縮活性化等	▶育児期の労働時間短縮請求権導入 ▶育児期の労働時間短縮制利用要件助成 ▶労働時間貯蓄休暇制導入
	産前後休暇制度改善	▶産前後休暇の有給化 ▶産前後休暇の分割使用 ▶配偶者出産休暇3日間有給化 ▶家族介護休業制度活性化 ▶非正規職女性労働者の母性保護強化
	柔軟労働時間制度拡大	▶公共部門の柔軟勤務制導入・拡大 ▶時間制労働活性化 ▶短時間労働の拡大・支援 ▶柔軟勤務制促進のための制度的・政策的基盤強化 ▶スマートワークセンター導入・拡大 ▶柔軟勤務制に対する国民的共感拡張のための広報
	職場保育施設活性化	▶職場保育施設設置および運営支援拡大 ▶職場保育施設設置義務移行の強制方案導入
	ファミリー・フレンドリー認証企業活性化	▶企業のファミリー・フレンドリー経営基盤支援 ▶ファミリー・フレンドリー認証企業インセンティブ強化 ▶ファミリー・フレンドリー職場助成のための支援体系運営
	ファミリー・フレンドリー環境助成	▶政労使の合意に基づき、民間企業の労働時間短縮推進 ▶公務員の正常な勤務慣行拡大・超過勤務管理強化 ▶出産奨励優秀地域(自治体)にインセンティブ提供

教育費支援	保育・教育費用支援拡大	▶保育・教育費全額支援対象拡大 ▶共働き世帯に保育・教育料を優先的に支援 ▶多文化家族子女には所得水準に関係なく保育料全額支援 ▶農漁業家庭幼児養育費の支援拡大 ▶保育施設未利用児に対する養育手当支援拡大
	多子世帯に対する税制、住宅、学費支援拡大	▶第2子以上高校授業料支援 ▶第2子以上大学生子女の国家奨学金優先支援 ▶多子世帯の家長公務員の退職後再雇用 ▶多子家庭の所得控除拡大 ▶18歳未満の3人子供を養育する世帯の取得税・登録税全額免除 ▶多子世帯の住宅購入資金貸出利子率追加引き下げ
育児支援インフラと助成	職場保育施設拡大	▶職場保育施設設置および運営支援拡大 ▶職場保育施設設置義務移行の強制方案導入
	脆弱地域内の国公立保育施設拡充	▶国公立保育施設拡充 ▶農漁業村の小規模保育施設拡充
	民間育児施設サービス改善	▶評価認証指標高度化 ▶認証参与・維持を誘導できるインセンティブ提供 ▶公共型・自立型オリニジップ導入
	需要者中心の育児支援サービス拡大	▶共働き夫婦のためのサービス拡大 ▶幼稚園終日クラス拡大 ▶低所得・共働き家庭入所優先順位付与 ▶時間制保育バウチャー(クーポン券)および運営時間多様化 ▶隣同士の助け合い事業活性化
	就学児童放課後ヘルプサービスインフラ構築	▶地域児童センター拡大および内実化 ▶青少年放課後アカデミー拡大および内実化 ▶小学生の終日ヘルパー教室拡大 ▶オーダーメード型放課後学校運営
各地方自治団体独自事業		
出産奨励金(出産お祝い金)、多子家庭優遇カード制度、等		

出所:大韓民国政府『第2次低出産・高齢社会基本計画2011〜2015年』、保健福祉部『幸せな我が子』2011年、http://women.seoul.go.kr(ソウル市庁)、http://family.busan.go.kr「Dynamic Busan」により筆者作成

2. 家族形成に有利な環境助成

有子女現役兵の常勤予備役への編入制度実施(2011年11月25日)

　韓国では男性は兵役が義務づけられている。軍服務期間中の男性の場合、子供の養育が困難であるので、結婚および出産を延期する傾向がある。従来は、軍入隊前に子供がいる既婚者に限って常勤予備役として軍服務ができたが、兵役法が改正され、2011年11月25日からは、現役兵が軍服務中、配偶者

が出産した場合は、子供の養育ができるよう常勤予備役として編入できるようになった。

新婚夫婦の住宅購入・専貰資金支援（2011年から）
　低所得世帯へ住宅購入資金を貸出する際には審査基準が厳しく、しかも新婚夫婦は対象外になることが多かったので、2011年から新婚夫婦対象の住宅資金支援を拡大した。結婚して5年以内の新婚夫婦が国民住宅基金の住宅購入・専貰（チョンセ）資金（コラム参照）の貸出を受ける際に、所得条件を、2011年には既存の2000万ウォンから3000万ウォンへ、2013年には4000万ウ

コラム

【韓国社会関連用語】
現役兵（ヒョンヨクビョン）
　韓国男性は満19歳になると徴兵検査を受ける。徴兵検査で、1級から7級までの等級が定められ、1～3級までは現役兵と言われ、正常に軍に入隊し服務する。4級は補充役・社会服務要員（旧、共益勤務要員）、5級は第2国民役、6級は軍役免除になる。7級は再審査対象となる。

常勤予備役（イェビヨック）
　韓国の兵役制度で、基礎軍事教育は現役兵と一緒に受けるが、その後は予備役になって、軍部隊に家から通勤する。常勤予備役は軍人身分で階級は陸軍現役兵と等しく進級し、服務期間が終われば全役証（退役証）をもらう。

専貰（チョンセ）
　韓国の不動産賃貸方法。不動産の所有者に一定の金額（専貰金）を預けて、その不動産を一定期間借りる。家賃を月々支払う必要がなく、あらかじめ大家との間で居住する期間を決めておき、契約期間が終了し、その不動産を大家に返す際には預けた専貰金の全額は返金される。一方、毎月決められた額の家賃を払う制度を月貰（ウォルセ）という。

ォンへと緩和した。2014年からは夫婦合算所得を、住宅購入の場合は年間6000万ウォン以下、専貰資金貸出には年間5500万ウォン以下へとさらに緩和した。また、無住宅要件も、「6カ月以上無住宅者」から「貸出申請時に無住宅者」へと緩和した。

3．妊娠・出産に対する支援拡大

分娩施設が不十分な地域への医療支援強化

出生児の減少で、一部地域では既存の産婦人科病院の廃業が増え、産婦人科診療施設が不足している。また高年齢妊娠の増加で、未熟児・低体重児も増えているが、これに対応できる妊娠・分娩施設が不十分な地域に対する医療インフラ支援を拡大する。

難妊夫婦への支援拡大（2011年1月）

難妊夫婦の難妊手術費用の支援額を増やす。体外受精支援費の1回当たり支援金額を、一般家庭の場合150万ウォンから180万ウォンへと増やし、基礎生活受給者の場合270万ウォンから300万ウォンへと支援を拡大する。支援回数も3回から4回まで増やす（但し、4回目の支援は100万ウォンまでにする）。人工授精施術費は2010年と同じく50万ウォン限度内とし、3回まで支援する。

妊娠・出産診療費支援拡大（2011年4月）

すべての妊婦（健康保険加入者または被扶養者、医療給付受給権者）を対象に、妊娠・出産診療費を支援する。妊娠・出産診療費は2009年20万ウォンから毎年10万ウォンずつ引上げられ、2011年からは40万ウォンが支援される。また、12歳までのすべての児童に対しての民間医療機関予防接種支援金を現30％から段階的に拡大する。

4．仕事と家庭の両立支援対策

第2次基本計画では共働き家庭を主な対象とし、仕事・家庭の両立支援策

として、育児休業制度改善や育児期の労働時間短縮制度、産前後休暇制度改善、柔軟な労働時間制度拡大、ファミリー・フレンドリー職場・社会環境助成などの政策が導入された。

育児休業制度の改善（2011年1月）

　雇用保険の育児休業給付金を月50万ウォンの定額で支給した「定額制」から、2011年1月からは、育児休業前の通常賃金の40％を支給する「定率制」へと変更する（但し、最高100万ウォン、最低50万ウォンに設定。1000ウォンは約100円）。

　休業期間が長いほど職場への復帰率が低くなることから、育児休業後の経歴断絶を防ぐ目的で、「育児休業復帰インセンティブ」を導入する。育児休業給付金の15％は復帰6カ月後に一括支給する。但し、復帰インセンティブ適用で、休業期間中の実給付額が50万ウォン以下である場合50万ウォンを支給し、50万ウォンを超える金額に対しては復帰後インセンティブとして支給する。また、2011年から、「育児休業期間中の健康保険料」の軽減を50％から60％へと高めるとともに、育児休業制度の代替人力支援制度も導入した。

育児期の労働時間短縮制度

　育児休業による労働者の所得減少および経歴断絶、企業の代替人力採用負担などにより、育児休業の利用度が低いことを補完するため、仕事をしながら子育てができるように、満6歳以下の子供がいる労働者に労働時間短縮を請求できる権利を与える「育児期労働時間短縮制度」を2012年8月から施行した。2014年から対象子供の年齢を満8歳以下へとさらに高めた。

　2013年からは、育児休業が申請できる労働者が労働時間短縮を申請する場合、育児休業の代わりに労働時間を週当たり15〜30時間まで短縮でき、最大1年間使用できる。育児期の労働時間短縮期間中、働いた時間分の給与は事業主が支給し、短縮された労働時間に対する給与は雇用保険から支給される。雇用保険からは育児休業給付金（通常賃金の40％）を基準とし、短縮した労働時間に比例して支給される。

産前後休暇制度改善

　妊娠した女性労働者は出産の前後に90日間産前後休暇をとることができる。但し、産後休暇は45日以上とする。産前後休暇給付金として、大企業の場合は、60日分は企業が負担し、残り30日分は雇用保険から支給される（上限は135万ウォン）。中小企業の場合は、雇用保険から90日分（上限405万ウォン）が支給される。通常賃金が最低賃金に達していない場合は最低賃金額が支給される。

　2012年8月からは、「産前後休暇分割使用」が可能となり、妊娠初期に安静が必要な場合、または妊娠期間中に緊急事態が発生した時、出産前の休暇を分割して使用できるように制度が改善された。2012年からは、配偶者出産休暇が無給3日から「有給3日」となり、必要であれば5日まで（追加期間2日は無給）使用できる。

柔軟な働き方の拡大

　韓国の雇用慣行は、フルタイム中心の長時間労働であるので、育児期の女性が仕事と子育てを両立するのが難しい。政府は公共機関を対象に、労働者と事業主が勤務時間と場所が自由に調整できるよう勤務形態、勤務時間、勤務時間選択制、集約勤務制、裁量勤務制の5つの分野で、9つの型の柔軟勤務制の導入を拡大する。

ファミリー・フレンドリー職場環境・社会的環境助成

　ファミリー・フレンドリー企業に対する社会的認識を高め、企業の自発的なファミリー・フレンドリー職場環境助成を誘導するため、私企業、公企業、大学、中央行政機関、地方自治団体等を対象に、2008年ファミリー・フレンドリー認証制を導入した。

5．子供養育費支援対策

保育・教育費全額支援対象拡大（2011年3月）

　政府は出生率低下の主な要因である子供の養育費負担を軽減してきた。

2010年までには所得下位50％以下家庭の３〜５歳児の保育・教育費を全額支援した。2011年からは所得下位70％以下家庭まで拡大し、月所得認定額480万ウォン以下（４人世帯基準）家庭の幼児保育費を全額支援した。また共働き世帯の場合は所得認定額を算定する際、夫婦合算所得から25％を差引いた所得を認定所得にすることによって支援をさらに拡大した。

養育手当支援拡大（2011年１月）

　幼児の場合、保育施設利用より家庭内での養育が多く、２歳未満児の施設利用率は2009年43％であった。2011年から保育施設未利用児に対する養育手当支援を拡大し、１歳未満児には月20万ウォン、２歳未満児には月15万ウォン、３歳未満児には月10万ウォンを支給する。

多子世帯に対する支援拡大（2011年１月）

　出産を奨励するため、多子世帯に対する各種優遇処置を実施しているが、その支援をさらに拡大する。2011年以後生まれた第２子からは高校授業料を支援し、政府奨学金を優先的に支援する。また、多子世帯の所得控除額を増やし、子供１人当たり150万ウォンの基礎控除を、子供が６歳以下であると100万ウォン追加控除、出産または養子入りした当該年度に該当する子供がいると200万ウォン追加控除、２人以上の子供を持つ家庭は100万ウォン追加控除、第３子からは200万ウォンを追加控除する。

６. 子供の育児支援インフラと健全な成長環境助成

職場保育施設拡大

　保育に対する企業の責任を強化し、労働者の保育負担軽減のため1971年に「職場保育制度」を導入したが、費用負担、設置基準と不履行に対する制裁がなかったことから企業の履行率は低かった。政府は職場保育施設設置可能階数および近隣の遊び場の認定基準を緩和するとともに、設置支援拡大および人件費支援を強化した。

　また、常時女性労働者300人以上または労働者500人以上を雇用している事

業所の事業主は、職場保育施設の設置が義務づけられ、職場保育施設を設置することができない事業主は保育施設利用有無、または政府保育料支援有無とは関係なく、保育手当を労働者に支給しなければならない。

脆弱地域内の国公立保育施設拡充および民間育児施設サービス改善

　保育施設が不十分な地域での国公立保育施設を増やしながら、農漁業村での小規模保育施設を拡充する。また、民間育児施設サービスを改善するため、評価認証指標を高度化し、認証参与・維持を誘導できるインセンティブを提供し、公共型・自立型のオリニジップ（民間保育所で「子供の家」の意味）を導入する。

需要者中心の育児支援サービス拡大

　共働き夫婦のための育児サービスの拡大、幼稚園の終日クラス拡大、低所得・共働き家庭に保育園の入所優先順位付与、時間制保育バウチャー（voucher：クーポン券）および運営時間多様化などを図る。

参考文献

裵　海善「韓国の少子化と政府の子育て支援政策」（財）アジア女性交流・研究フォーラム『アジア女性研究』第21号、2012年3月

裵　海善「少子化対策の韓日比較」大韓日語日文学会『日語日文学』第55輯、2012年8月

コラム

【日本の少子化対策の流れと取り組み】

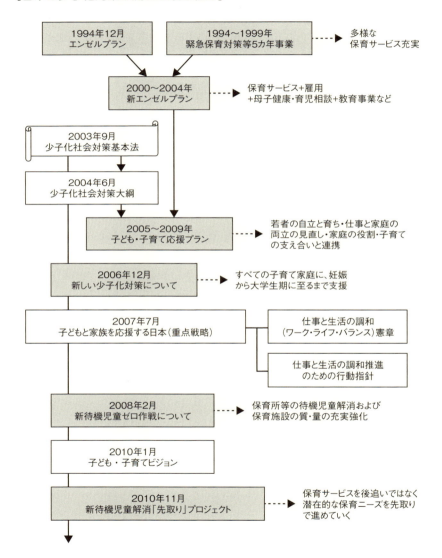

1989年1.57ショックを契機に、日本政府は1990～1994年に少子化対策を検討し始め、1994年には「今後の子育て支援のための施策の基本的方向について」（エンゼルプラン）が4大臣（文部、厚生、労働、建設）の合意で策定された。また、エンゼルプランを実施するため、多様な保育サービスの充実、地域子育て支援センターの整備等を図るために、1999年度を目標年とした「緊急保育対策等5カ年事業」が3大臣（大蔵、厚生、自治）合意で策定された。
　その後、1999年12月、「少子化対策推進基本方針」とその方針に基づく重点施策の具体的実施計画として「重点的に推進すべき少子化対策の具体的実施計画について（新エンゼルプラン）」が6大臣（大蔵、文部、厚生、労働、建設、自治）の合意で策定された。新エンゼルプランは、従来の「エンゼルプラン」と「緊急保育対策等5カ年事業」を見直したもので、これまでの保育サービス関係だけでなく、雇用、母子健康・育児相談、教育などの事業も加えた幅広い内容である。
　少子化に的確に対処するための施策を総合的に推進するため、「少子化社会対策基本法」が2003年7月に制定され9月に施行された。この基本法に基づき、2004年6月に「少子化社会対策大綱」が閣議決定されたが、この大綱では、少子化の流れを変えるための施策を、国をあげて取り組むべき極めて重要なものと位置づけ、「3つの視点」と「4つの重点課題」「28の具体的行動」を提示した。
　4つの重点課題とは、①若者の自立とたくましい子供の育ち　②仕事と家庭の両立支援と働き方の見直し　③生命の大切さ、家庭の役割などについての理解　④子育ての新たな支え合いと連携である。大綱に盛り込まれた施策の効果的推進をはかるための「少子化社会対策大綱に基づく具体的実施計画（子ども・子育て応援プラン）」（2005～2009年）が少子化社会対策会議で決定された。
　2005年、合計特殊出生率が1.26と過去最低になると、少子化対策の抜本的な拡充、強化、転換を図るため、2006年6月「新しい少子化対策について」が少子化社会対策会議で決定される。ここでは、親が働いているかいないかにかかわらず、すべての子育て家庭を支援するという視点を踏まえつつ、妊娠・出産から高校・大学生期に至るまでの、子供の成長に応じての子育て支援策を掲げた。
　2007年12月、少子化社会対策会議において、「子どもと家族を応援する日本（重点戦略）」が取りまとめられた。重点戦略により、就労と結婚・出産・子育ての二者択一構造を解決するために、働き方の見直しによる仕事と生活の調和の実現を目指して、「仕事と生活の調和（ワーク・ライフ・バランス）憲章」および「仕事と生活の調和推進のための行動指針」が決定された。
　重点戦略を踏まえ、2008年2月に、希望するすべての人が安心して子供を預けて働くことができる社会を実現するために、保育所等の待機児童解消をはじめとす

る保育施設を質・量ともに充実・強化し、推進するための「新待機児童ゼロ作戦」を発表した。

2010年1月には、「子ども・子育てビジョン」（以下、ビジョンと称する）が閣議決定される。ビジョンでは、これまでの「少子化対策」から「子ども・子育て支援」へと視点を移し、社会全体で子育てを支えるとともに、「生活と仕事と子育ての調和」を目指すこととしている。なお、このビジョンに基づき、2010年から2014年までの数値目標を掲げている。

2013年度からの実施を目指して「子ども・子育て新システム」の検討を進める一方、都市部を中心に待機児童が深刻な問題となっていることから、2011年11月、待機児童の問題に国と自治体が一体的に取り組む「待機児童解消「先取り」プロジェクト」が決定され、足下の待機児童の数を見て後追いで保育サービスを提供していくのではなく、潜在的な保育ニーズ量を見通しながら先取りで進めていく。

(出所：内閣府『子ども・子育て白書(平成23年)』第1章を参考に筆者まとめ)

第5章
地方自治団体の少子化実態と対策

　韓国政府が進めている少子化対策事業は国費と地方費の予算で行われている。地方自治団体独自の政策課題は地方費の予算で行われる。少子化対策としての地方自治団体の主な対策は出産奨励金と多子世帯支援制度である。しかし、出産奨励金は国費補助がなく全額地方費により賄われているため、自治団体の財政負担が大きい。また、出産奨励金は自治団体ごとに金額差が大きく、財政難を理由に実施していない自治団体も40％にのぼり、地域間の公平性面でも問題が多い。

1．広域自治団体の出生率実態

　韓国は1995年6月から地方自治制度をスタートした。韓国における地方自治の構造は「広域自治団体」とその下部に置かれる「基礎自治団体」の2重構造となっている。広域自治団体は、基礎自治団体では処理できない事務や複数の基礎自治団体を包括する広域事務を処理する。
　広域自治団体はソウル特別市と6つの広域市（仁川・大田・光州・大邱・釜山・蔚山）、8つの道（京畿道・忠清北道・忠清南道・全羅北道・全羅南道・江原道・慶尚北道・慶尚南道）と済州特別自治道、世宗特別自治市の計17で構成されている。蔚山市は1997年広域市に昇格し、済州道は2006年7月から特別自治道となった。世宗特別自治市は2012年に発足しており、「行政中心複合都

市」と呼ばれている。

　基礎自治団体は、地域住民と直接関係を結ぶ自治団体で、市・郡・区がある。広域自治団体の傘下に置かれる基礎自治団体は、ソウル特別市では区、広域市では区と郡、道には市と郡がそれぞれ置かれている。そして自治区の下には洞・邑・面・里がある（コラム参照）。

　〈図1〉では2012年発足した世宗特別自治市を除いた16の広域自治団体の出生率の実態を、ソウル特別市と6つの広域市、また、9つの道に分けて確認する。

　16の広域自治団体の合計特殊出生率はすべてほぼ同じトレンドをみせながら変化しているが、特別市・広域市のほうが9つの道に比べて出生率が低い。2006年は「双春年」、2007年は「黄金の亥の年」、また2010年が「白虎の年」、2012年が「黒龍の年」であるとの文化的な影響により、出生率は一時的に上

図1　特別市・広域市と9つの道の合計特殊出生率

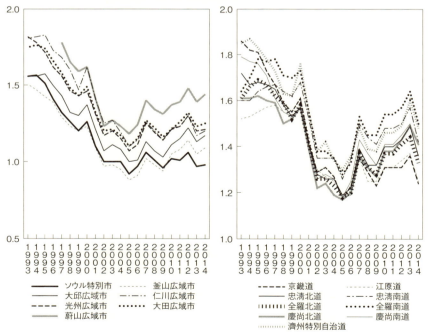

出所：統計庁『人口動向調査』により筆者作成

昇した。

　2014年度の合計特殊出生率の全国平均は1.21であるが、7つの市のなかで、蔚山市は1.44で出生率が最も高く、次に大田市1.25、仁川市1.21の順である。蔚山市と大田市、仁川市以外のすべての市は全国平均を下回っており、ソウル特別市は0.98で最も低い。1993年と2014年の約20年間の出生率の変化を比べると、一番下落幅が大きい市は光州広域市で、1993年に比べれば0.61%ポイント下落している。

　2014年の9つの道の出生率はすべて全国平均を上回っている。2014年、出生率が一番低い道は京畿道1.24と江原道1.25であり、最も高い道は全羅南道1.50である。1993年に比べて出生率の下落幅が大きい道は京畿道、次に慶尚南道の順である。

　〈図2〉は2014年の広域自治団体の総人口と合計特殊出生率との関係を示したものである。出生率を比較すると、ソウル市が0.98で最も低く、次に釜

図2　広域自治団体の総人口（左目盛り）と合計特殊出生率（右目盛り）（2014年）
（単位：千人）

出所：行政自治部「地方自治団体行政区域および人口現況」（2014年）、統計庁KOSISデータベース（2014年）

山1.09、大邱1.17の順で低い。仁川、光州は全国平均1.21に近い水準であり、蔚山は1.44で最も高い広域市である。とくに人口が多い大都市であるほど出生率が低い理由としては、仕事・家庭の両立が難しい社会環境、高い住宅費用、都市部の女性の晩婚化などが挙げられる。一方、2010年、出生率が一番高い道は全羅南道1.50で、次に済州特別自治道1.48、忠清南道1.42の順である。

2. 政府の少子化対策と予算（国費と地方費による共通事業）

急速な少子高齢化の進行に危機感を抱いた政府は少子高齢化社会への対応を国家的課題として設定し、2005年5月「低出産・高齢社会基本法」を整備し、2006年から『第1次低出産・高齢社会基本計画（2006〜2010）年』を、2011年から『第2次低出産・高齢社会基本計画（2011〜2015年）』を実施している。

基本計画の毎年の予算は、国費と地方費の5対5の割合で組まれている。第1次基本計画期間（2006〜2010年）の5年間の総投資費用は42.2兆ウォン（国費、地方費、基金含む）であった。第2次基本計画期間（2011〜2015年）の総投資規模は約78.5兆ウォンと推計されており、第1次計画の実際投資規模に比べ79％増である。

〈図3〉は、基本計画のなかでも少子化対策への投資規模と年次別予算を示したものである。第1次基本計画の予算19.7兆ウォンに比べて第2次基本計画では39.7兆ウォンへと予算が増加しており、毎年予算が増えている。

近年の韓国の少子化の主な原因として、晩婚化、結婚・出産に対する価値観の変化、女性の仕事と家庭の両立の難しさ、教育費の支出増加、保育サービスの不十分などが指摘されており、政府の少子化対策も、結婚・妊娠・出産に対する支援策、仕事と子育て両立支援策、教育費支援や保育サービス支援策に重点が置かれている。第2次基本計画の少子化対策は「出産・育児に有利な環境助成」を推進課題とし、全体は95課題で、「仕事と家庭の両立日常化（24課題）」「結婚・出産・育児負担軽減（46課題）」「児童・青少年の健全な成長環境助成（25課題）」に細分されている（表1）。

図3　少子化対策の年次別投資規模　　　　　　　　　　　　　　　　（単位：兆ウォン）

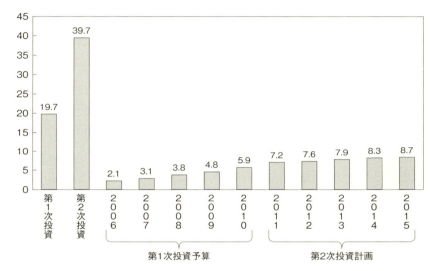

出所：大韓民国政府『第2次低出産・高齢社会基本計画（2011 ～ 2015）年』より筆者作成

3．広域自治団体の少子化対策と予算

広域自治団体の予算と課題

　各地方自治団体の少子化対策は、政府主導による共通事業（表1）を国費と地方費の予算によって行いながら、地方自治団体独自の課題を地方費の予算で行っている。各自治団体は出産を奨励するための多様な政策を施行している。

　〈表2〉は広域自治団体の少子化対策の予算および課題数を示したものである。2011年の時点で、少子化対策としての共通事業の国費と地方費による総投資規模は5兆8306億ウォン、広域自治団体事業の地方費による総投資規模は1兆799億ウォンで、合計約7兆ウォンが投入された。世宗特別自治市を除いた16広域自治団体の少子化分野共通事業は合計1249件であり、事業課題数は合計588件で、2006年から大幅に増加している。

　少子化対策に対する共通事業予算と広域自治団体事業予算は、人口が多い

表1 第2次基本計画「出産・養育に有利な環境助成」95課題の主な内容

分野	重点課題	指標	2015年の期待目標 2010	2015
仕事・家庭の両立日常化（24課題）				
育児休業制度改善	▶育児休業給付定率制導入および育児休業復帰インセンティブ導入	育児休業取得率	50.2%	65%
	▶育児期の労働時間短縮請求権導入			
	▶産前後休暇分割使用許可			
柔軟な労働形態促進	▶常時勤労者数算定基準改善			
	▶スマートワークセンター導入および促進	スマートワークセンター設置地域	—	50カ所
ファミリー・フレンドリー職場・社会環境助成	▶職場保育施設設置義務強制移行導入方案	職場保育サービス（施設、保育手当など）提供義務移行率	66.2%	88.4%
	▶公共機関のファミリー・フレンドリー認証促進	ファミリー・フレンドリー認証企業数（年間）	20件	70件
結婚・出産・養育負担軽減（46課題）				
家族形成要件助成	▶新婚夫婦住宅資金貸出所得要件緩和			
	▶有子現役兵の常勤予備役編入			
妊娠・出産支援拡大	▶分娩脆弱地域の保健医療インフラ支援拡大	妊娠・分娩脆弱地域	52件	25件
	▶難妊夫婦支援拡大			
子供養育費用支援拡大	▶保育・教育費全額支援拡大	5歳以下児の保育・教育費支援率	42%	56.5%
	▶公務員の多子世帯家長の退職後再雇用			
	▶多子世帯への税制、住宅、学費支援拡大			
育児支援インフラ拡充	▶保育施設評価認証制改善	評価認証率	60.8%	80%
	▶公共型・自立型「オリニジップ」導入			
	▶保育施設運営機関多様化			
	▶ベビーシッター制度化			
	▶放課後ヘルプサービスインフラ構築	放課後ヘルプサービス児童数（小学校ヘルプ、地域児童センター、青少年放課後アカデミー）	22.7万人	22.1万人
児童・青少年の健全な成長環境助成（25課題）				
脆弱階層児童支援	▶ドリームスタート事業活性化	脆弱階層児童統合サービス受恵率	5.4%	20%
安全な保護体系構築	▶性暴力被害児童支援強化	児童安全事故死亡率	5.96人（2008年）	4.9人
	▶児童保護専門機関拡大（児童虐待予防）			
	▶Weeプロジェクト（学校内暴力予防および被害者保護）			
児童政策基盤助成	▶中長期児童政策基本計画樹立			

出所：大韓民国政府『第2次低出産・高齢社会基本計画(2011〜2015年)』
注：課題内容は、毎年、政策成果評価および政策要件によって変更可能

表2 広域自治団体の「少子化対策」の予算および課題数（2011年）　　（単位：百万ウォン）

	共通事業予算（国費と地方費計）	課題数	広域自治団体事業予算 地方費	課題数		共通事業予算（国費と地方費計）	課題数	広域自治団体事業予算 地方費	課題数
合計	5,830,699	1,249	1,079,920	588	京畿道	1,189,413	70	282,149	36
ソウル特別市	659,938	28	108,376	11	江原道	217,843	53	16,155	12
釜山広域市	421,100	200	114,749	160	忠清北道	217,910	106	135,226	49
大邱広域市	238,021	67	28,287	23	忠清南道	248,979	62	49,348	36
仁川広域市	402,927	100	90,969	65	全羅北道	329,869	76	32,541	18
光州広域市	238,534	65	7,317	26	全羅南道	302,963	61	5,268	4
大田広域市	170,996	48	53,027	26	慶尚北道	390,471	79	7,297	27
蔚山広域市	124,633	99	8,974	59	慶尚南道	469,307	64	4,891	15
					済州特別自治道	107,795	67	26,446	21

出所：市道および教育庁『第2次低出産・高齢社会基本計画──地方自治団体施行計画（総括）』2011年

市・道ほど多い。広域自治団体の事業予算の場合、広域市のなかでは大田市が530億ウォン、道のなかでは忠清北道が1350億ウォンで、人口規模に比べて多くの予算を投入している。

　少子化対策として、最も多くの広域自治団体が実施している課題は「出産奨励金（出産お祝い金）」と「多子世帯優遇カード制度」である。出産奨励金は16広域自治団体のなかで10の広域自治団体が実施しており、多子世帯への支援策である「多子世帯優遇カード制度」は16のすべての広域自治団体が実施している。

　広域自治団体のなかでも釜山市はソウル市とともに出生率が最も低い。ソウル市の自体事業（2011年度）としては、「オリニジップのサービス水準向上」「地下鉄や公園の育児便宜施設の拡大」「放課後の学校プログラムの受講支援」「公・私立教職員の就学前子供の保育料を支援」「出産や子育て期の教職員の人事面での優遇策」などがある。

　一方、釜山市の2011年自体事業としては、各自治区が実施している出産奨励金とは別途に、第2子には1回20万ウォン、第3子以後は120万ウォン（月10万ウォンで12回）の出産奨励金を支給する。また、第2子以後の子供に

は就学前の保育料全額を支援し、第3子以後の子供には保育料および幼児学費全額を支援する。

出産奨励金

　2010年現在、16広域自治団体のなかで10（62.5％）、230市・郡・区の基礎自治団体のなかで138（60％）の自治団体が出産奨励金制度を実施している。出産奨励金制度は各地方自治団体が出産お祝い金、奨励金、養育支援金などの名目で支援する出産を支援する事業である。金額や支給方式（一時金、分割金）、支給期間は自治団体によって異なる。

　〈表3〉はソウル市の25区の出産奨励金の実態を示したものである。第1子に関してはほとんどの自治区が実施していないが、麻浦区、西大門区、龍山区が10万ウォンを支給する。第2子からはほぼすべての区が奨励金を支給しているが、奨励金額は区ごとに異なる。

　最も多くの奨励金を支給している区は中区で、第2子には20万、第3子には100万、第4子には300万、第6子には700万、第7子には1000万、第8子には1500万、第9子には2000万、第10子以上は3000万ウォンを支給している。〈表4〉は、釜山市の16自治区・郡の出産奨励金の実態を示したものである。ソウル市に比べて実施している区や支給金額が少ない。第1子に関してはすべての自治区が奨励金を支給していない。第2子に関しても16自治区のうち8の区が支給している。第3子からはすべての自治区が出産奨励金を支給しており、最も金額が多い区は中区で300万ウォン、最も少ないのは影島区と西区で、それぞれ10万ウォンで、その差が大きい。

　このように出産奨励金の支給額が自治区別に異なる理由は、この制度が中央政府レベルで実施されるものではなく、自治体が自律的に実施しているためである。自治体の財政自立度や出産支援に対する政策意思によって支給額が異なる。

多子世帯優遇カード

　多子世帯への支援策として実施している「多子世帯優遇カード」は16のすべての自治体が実施している。ソウル市の「ダドンイ幸せカード」は、子供

表3 ソウル市25自治区の「出産奨励金」実態 (単位:千ウォン、%)

区名	出産順位別支援金額（2015年6月）					財政自立度（2010年）
	第1子	第2子	第3子	第4子	第5子以上	
江南区	-	500	1,000	3,000	3,000	77.1
江東区	-	200	500	1,000	1,000	44.5
江北区	-	300	600	600	600	31.7
江西区	-	-	200	300	500	33.8
冠岳区	-	200	300	500	1,000	33.9
廣津区	-	100	300	300	300	44.0
九老区	-	300	500	1,500	1,500	40.1
衿川区	-	200	500	1,000	1,000	37.8
蘆原区	-	100	300	500	500	27.4
道峰区	-	300	500	1,000	1,000	35.9
東大門区	-	300	500	1,000	1,000	46.2
銅雀区	-	100	500	1,000	1,000	45.0
麻浦区	100	150	300	300	300	-
西大門区	100	200	500	500	500	38.6
瑞草区	-	500	1,000	1,000	1,000	79.8
城東区	-	200	500	1,000	1,000	52.0
城北区	-	200	200	200	200	34.8
松坡区	-	300	500	1,000	1,000	73.9
陽川区	-	100	500	1,000	2,000	43.6
永登浦区	-	200	500	1,000	1,000	66.5
龍山区	100	200	500	1,000	1,000	62.7
恩平区	-	200	300	500	1,000	33.8
鍾路区	-	500	1,000	1,000	1,000	78.5
中区	-	200	1,000	3,000	5,000～30,000	82.9
中浪区	-	500	1,000	2,000	2,000	30.5

出所：http://momplus.mw.go.kr「保健福祉部政策ポータル」により筆者まとめ

表4　釜山市16自治区・郡の出産奨励金実態(2015年6月)　　（単位：千ウォン）

	第2子	第3子以後		第2子	第3子以後
中区	600	3,000	金井区	200	500
西区	-	100	江西区	500	1200 第3子以後健康保険料支給 （月3万5000ウォン×60回）
東区	300	500			
影島区	100	100			
釜山鎮区	-	200	蓮堤区	100	500
東莱区	200	400	水営区	200	500
南区	-	300	沙上区	双子300、三つ子500、第3子以後200	
北区	-	200	機張郡	第3子以後は月1200 健康保険支援（月3万ウォン×60回） 産後ケア費500	
海雲臺区	-	300			
沙下区	-	500			

出所：http://family.busan.go.kr「釜山市庁、出産奨励及び支援」

図4　ソウル市の「ダドンイ幸せカード」(左)と釜山市の「家族サラン(愛)カード」(右)

出所：http://momplus.mw.go.kr「保健福祉部政策ポータル」

が多い世帯に経済的支援および各種文化生活を支援するための制度で、品物購入や施設利用時の割引カードである。「ダドンイ」とは子供が多いとの意味で、標準語ではなく、少子化時代に新しく作られた新造語である。ソウル市に居住する2人以上の子供を持つ世帯が対象（但し、末子が満13歳以下世帯）で、本カードの持参により、バスと地下鉄運賃の10％割引、学習塾の10％割引、ソウル所在の文化施設の入場料割引などが適用される。

　一方、釜山広域市が発行している「家族サラン（愛）カード」は、2000年以後出産した子供が3人以上いる世帯が対象である。本カードの提示により、幼稚園や塾の入学金の割引、保育料の割引、有料道路の通行料免除、地下鉄

料金割引（成人および青少年は都市鉄道料金の50％割引）等の特典がある。

参考文献
裵　海善『韓国の少子化と政府の子育て支援政策』（財）アジア女性交流・研究フォーラム『アジア女性研究』第21号、2012年3月
裵　海善「韓国の出生率低下に対する政府と広域自治団体の対策」筑紫女学園大学・短期大学部、人間文化研究所『年報』第23号、2012年8月

──── コラム ────

【広域自治団体と基礎自治団体】
　第1級行政区域である広域自治団体は、1特別市・1特別自治市・6広域市・8道・1特別自治道の17に区分されている。第2級行政区域である基礎自治団体には市・郡・区があり、2014年7月現在、226である。

広域自治団体	基礎自治団体
特別市（ソウル）	区
広域市（6）	区・郡
道（8）	市・郡
特別自治道（済州）	合計226（2014年）
特別自治市（世宗）	
合計17	

出所：裵　海善『韓国経済がわかる20講』明石書店、2014年、p.19

第5章　地方自治団体の少子化実態と対策　75

第6章

保育政策と保育所利用実態

　韓国の出生率低下の主な原因の1つとして、養育費や教育費の負担が重いことがあげられ、保育支援に対する関心が高まり始めた。保健福祉部『保育実態調査』(2004)によれば、既婚女性の主な出産中断理由として、子供養育費負担や教育費負担が35.1％で最も高く、母親の結婚以後の就業中断理由として、子供の養育が64.9％を占めている。

　2002年の16代大統領選挙の時から保育分野での政府の役割が強調され、乳幼児の無償教育問題が大統領選挙における公約の1つとして浮上した。盧武鉉（ノ・ムヒョン）政府（2003〜2008年）は、2004年1月、乳幼児保育法を全面改正し、保育政策の管轄を保健福祉部から女性家族部へと移転しながら組織を拡大した。2004年6月には「第1次育児支援政策」を、2005年5月には「第2次育児支援政策」を、2006年7月には「セサック・プラン」（セサックとは若芽の韓国語表記）を発表し、保育関連課題とビジョンを提示した。

　李明博（イ・ミョンバク）政府（2008〜2013年）は、「アイサラン（子供愛）プラン」を2009年から実施した（2009〜2012年）。満0〜2歳児の全所得層を対象に無償保育を実施したが、これにより保育所施設は急増し、生まれたばかりの幼い乳児を保育所に預ける傾向が増え始めた。さらに、朴槿惠（パク・クネ）政府（2013年から）は、0〜5歳児の完全無償教育を実施する一方、保育所や幼稚園を利用しない子供には養育手当を支給している。

　このように乳幼児の無償教育が政権ごとに政府政策として競争的に導入さ

れた結果、保育予算が急増する一方、保育所の量的増加やサービスの質低下が指摘されており、政府の保育政策の見直しを求める声が高い。韓国の少子化対策予算は2006年から8年間で約7倍も増加しているが、出生率上昇につながらないのは予算が無償保育を中心に組まれ（少子化対策予算全体の70％を占める）、効率性が大きく低下しているとの指摘もある。

1．保育政策の流れ

韓国の保育政策は、1921年テファキリスト教社会館で、低所得層子供向けの託児事業から始められた。韓国で乳幼児保育が社会問題になり始めるのは1980年代に入ってからで、働く既婚女性が増え、子供の養育支援に対する要求が高まったからである。1982年12月、「幼児教育振興法」を制定し託児施設を統合するとともに、名称も「セマウル幼児園」へと変わる（「セマウル」とは、新しい村の韓国語表記）。しかし、保育政策は1991年までは低所得層の職場女性支援のための託児事業にとどまった。

1987年男女雇用平等法の制定（1988年施行）とともに労働部は職場託児所制度を導入する。急速な産業化とともに核家族化が進み、既婚女性の経済活動参加が増えたことから、子供の保護と教育を制度的に保障する必要性が高まり、1991年には小学校入学前の満6歳未満の子供を対象とした「乳幼児保育法」が制定され、保育政策は従来の託児から保育へと発展する。

2000年を前後にして、保育サービス水準の向上を求める声が高まり、2004年1月には1982年制定された「幼児教育振興法」が廃止され、5歳児の無償教育を盛り込んだ「幼児教育法」が制定される。一方、保育施設は、民間施設を法人保育施設と民間保育施設に分類し、父母協同保育施設を追加した。保育施設設置基準も、1991年1月の幼児保育法制定当時には認可制（家庭保育施設のみ申告制）であったが、1998年7月には申告制へと緩和し、2004年1月には再び認可制へと転換した。

2004年6月「第1次育児支援政策」に基づき、高齢化および未来社会委員会は「保育および育児教育支援の公共性拡大」に対する対策を発表し、「父母の所得水準によって育児負担を50％軽減」「1年間の育児休業」「保育施設

図1　韓国の保育政策の流れ

- **1921～1991年　救貧的、職場女性支援のための託児事業**
  - テファキリスト教社会館で低所得層子供向けの託児事業が始まる（1921年）
  - 「児童福利法」(1961年)
  - 「児童福利法」→「児童福祉法」(1981年)
  - 「幼児教育振興法」(1982年)
  - 「男女雇用平等法」に基づき、労働部は職場託児所制度導入（1987年12月）

- **1991年「幼児保育法」制定で、政策は託児から保育へと発展**
  - 保育施設の拡大
  - 児童の保護及び教育
  - 保育者の経済的社会的活動支援
  - 「幼児教育振興法」を廃止し「幼児教育法」制定(2004年1月)

- **2004年6月　第1次育児支援政策**
  - 父母の所得水準によって育児負担を50%軽減
  - 1年間育児休業
  - 保育施設評価認証制導入
  - 保育教師国家資格制度施行

- **2005年5月　第2次育児支援政策**
  - 保育施設標準保育料算定
  - 保育施設乳児基本補助金制度導入

- **2006年7月「セサック(若芽)プラン」(2006～2010年)**
  - 国公立保育施設を保育施設利用児童の30%まで拡大
  - 保育施設幼児基本補助金支援拡大
  - 保育施設差別保育料を利用者の平均所得130%以下まで拡大

- **2009年　「アイサラン(子供愛)プラン」(2009～2012年)**
  - 保育所利用者の保育料支援拡大
  - 施設未利用者世帯への養育手当導入
  - 保育所評価認証活性化
  - 保育サービス品質向上
  - 公共型オリニジップ導入
  - 保育電子バウチャー(アイサランカード)導入(2009年9月)
  - 5歳児ヌリ課程導入(2012年3月)

- **2013年3月　満0～5歳の完全無償教育、満3～5歳児ヌリ課程**
  - オリニジップ利用幼児に対する保育料支援(年齢別政府支援単価全額)
  - オリニジップ・幼稚園の未利用児に対する養育手当支援

右側フロー：
- 1962～1981年　児童福利法に基づき「保健福祉部」が託児管理
- 1991～2004年　保育事業を「保健福祉部」に一元化
- 2004年6月　「女性家族部」保育業務担当
- 2008年3月　「保健福祉部」保育業務担当

出所：保健福祉部(http://www.mw.go.kr)、国家記録院(http://contents.archives.go.kr)、「日曜週間」(2013年8月23日、http://www.ilyoweekly.co.kr)、保健福祉家族部『児童・青少年白書』(2008年)に基づき筆者作成

評価認証制」「保育教師国家資格制度」などを実施する。2005年5月「第2次育児支援政策」により、高齢化および未来社会委員会は「出生率向上および女性経済活動参加」に対する対策を発表し、「保育施設標準保育料算定」「保育施設乳児基本補助金制度」を導入した。

　また、保育予算の効率的な活用と保育の実態を把握し政策に反映することを目的に、幼児保育法第9条に基づき、保健福祉部長官は5年ごと（2009年の調査からは3年）に、全国保育実態調査を実施することを規定した。その規定に基づき2004年に『第1次保育実態調査』が、2009年に『第2次保育実態調査』が、2012年には『第3次保育実態調査』が実施された。

　2006年7月、保育業務を担当している女性家族部は、公保育強化のための中長期保育計画として「セサック（若芽）プラン（2006～2010年）」を発表する。本プランには、「国公立保育施設を2010年までに保育施設利用児童の30％まで拡大」「保育施設幼児基本補助金支援拡大」「保育施設差別保育料を利用者の平均所得130％以下まで拡大」するとの内容が盛り込まれている。

　2009年からは、第1次中長期保育プランであったセサック・プランを補完・修正した「アイサラン（子供愛）プラン（2009～2012年）」を策定し、保育に対する国家責任を強化するとともに、需要者中心の保育政策へと計画を補完修正した。本プランに基づき、「保育所利用者の保育料支援拡大」「施設未利用者世帯への養育手当導入」「保育所評価認証活性化」「保育電子バウチャー（アイサランカード）導入」「保育サービス品質向上」「5歳ヌリ課程導入」「公共型オリニジップ導入」等の政策を実施している。また、2013年3月からは、満0～5歳児の無償教育、養育手当支援政策を導入した。

2. アイサラン（子供愛）プラン（2009～2012年）

保育料および養育手当支援（2012年まで実施）

　政府は高い教育費負担が出生率低下の主な原因であるとみなし、保育料支援を強化してきた。1991年から0～4歳児の保育料支援、2005年からは2人以上の子供を持つ家庭の保育料を支援したが、2010年までは所得下位50％以下家庭の保育・教育費を全額支援することに留まった。2011年からは所得下

位70%以下家庭まで支援を広げ、月所得認定額480万ウォン以下（4人世帯基準）家庭の幼児保育料を全額支援した。

　2012年からは、0〜2歳児の全所得層を対象に無償保育を実施し（0歳39.4万ウォン、1歳34.7万ウォン、2歳28.6万ウォン支援）、3〜4歳児の場合は所得下位70％の世帯まで保育料を支援した（3歳19.7万ウォン、4歳17.7万ウォン）。なお、5歳児の全所得層を対象にヌリ共通課程を導入し無償保育（月20万ウォン支援）を実施した。

　また、幼児の場合、保育施設利用より家庭内での養育が多く、2歳未満児童の保育施設利用率は43％（2009年）で低いことから、2011年から0〜2歳の次上位階層の保育施設未利用児に養育手当を支給した（0歳児20万ウォン、1歳児15万ウォン、2歳児10万ウォン）。「次上位階層」とは、国民基礎生活保障法施行令（36条）によると、実際所得が最低生計費の120％未満である人と規定している。すなわち、政府の基礎生活保障受給対象には含まれない潜在的貧困階層である。

オリニジップ評価認証活性化

　保育サービス水準向上のための効果的な質的管理システムを備えるとともに、親に保育施設選択の合理的な基準を提供するとの趣旨で、施設規模別、特性別指標によるオリニジップ（子供の家）施設の評価を行う。2011年12月基準で、評価認証施設は、全体オリニジップ3万8021カ所のなかで、78.6％に当たる2万9882カ所が評価認証に合格した。

アイサラン（子供愛）カード

　所得や年齢などの一定の条件を満たす親にサービス利用券（バウチャー：voucher）を電子カードにチャージし、保育サービスが利用できるように支援する制度である。2009年9月から政府が支援する保育料をバウチャー形態で電子カード（アイサランカード）にチャージし、親が保育料を直接決済する。

5歳ヌリ課程（2012年）

　「ヌリ課程」とは、5歳の子供に公正な保育・教育機会を保障するため、オリニジップの標準保育課程と幼稚園の教育課程を統合した共通課程を所得水準に関係なく提供する制度である。「ヌリ」とは、「世の中」を意味する韓国語で、5歳の子供が保育所や幼稚園で、夢と希望を思いきり享受するとの意味を盛り込んでおり、2011年公募で採択された。ヌリ共通課程により、オリニジップと幼稚園で二元化されていた保育と教育課程が統合され、5歳のすべての子供は新しい共通課程で学ぶことになる。

　財源面では、今までは、5歳児の幼稚園費は地方教育財政交付金で負担し、オリニジップ保育費は国庫と地方費で負担したが、2012年3月からはすべての5歳児の教育・保育費は地方教育財政交付金から支援する。オリニジップと幼稚園に通う5歳の子供は同じ内容を学び、保護者の所得水準に関係なく教育費・保育費の支援を受ける。

公共型オリニジップ導入

　質が高いオリニジップを確保するため、保育所評価認証の結果、高い点数をもらった民間・家庭保育施設には2011年から政府が一定の運営費を支援している。選ばれた公共型オリニジップには、運営費、人件費、環境改善費を優先的に支援する。2015年6月現在、1573カ所の公共型オリニジップが運営されている。しかし、これは全体のオリニジップ4万3742カ所（2014年）の約3.6％にすぎない。

3. 乳幼児の完全無償教育実施（2013年3月から）

　2013年3月からは、乳幼児（0〜5歳児）の全所得層を対象に、所得水準に関係なく完全無償教育が実施され、保育料支援または養育手当のどちらかを選択することができる。保育所・幼稚園に子供を預けない場合は10〜20万ウォンの養育手当が支給され、保育施設に預ける場合は22〜39万ウォンの保育料が支給される。

　5歳児を対象にしたヌリ課程の支援金は2012年20万ウォンであったが、

2013年からは3～5歳児を対象にするとともに、2013年には月22万ウォン、2014年には月24万ウォン、2015年には月27万ウォン、2016年には月30万ウォンへと引き上げる予定である。

　0～5歳児がオリニジップに通う場合、保育料支援として保健福祉部の「アイサラン（子供愛）カード」、満3～5歳が幼稚園に通う場合、幼児教育費支援として教育科学技術部の「アイズルゴウン（子供楽しい）カード」により支援金が支給される。

　子供を家で育てる場合は、保育所に預ける場合に比べて政府の支援金が少ないが、所得水準に関係なく養育手当支援を受けることができる。養育手当支援を申請すると、支援金が通帳に振り込まれる。しかし、施設に預ける場合は政府が保育手当を直接保育所などに支給することになるが、家で養育する場合は養育手当を現金でもらうため、保健福祉部によれば、無償保育・養育申請者の半分以上が、満0～5歳の子供を保育所などに預けずに家で育てることを申請している。

表1　保育料・養育手当支援内容（2013年3月実施）　　　（単位：万ウォン）

	保育料 保育所や幼稚園に預ける場合 （全日クラス12時間基準で一括支援）	養育手当 保育所や幼稚園に預けず家で育てる場合	
満0～2歳	全所得階層支援 （所得・財産水準と関係なし） 満0歳　39.4万ウォン 満1歳　34.7万ウォン 満2歳　28.6万ウォン	全所得階層支援 （所得・財産水準と関係なし） 満0歳　20万ウォン 満1歳　15万ウォン 満2歳　10万ウォン	＜農漁村＞ 満0歳　20.0万ウォン 満1歳　17.7万ウォン 満2歳　15.6万ウォン ＜障害児童＞ 満0～2歳　20.0万ウォン
満3～4歳	＜ヌリ共通課程＞ 全所得階層支援 （所得・財産水準と関係なし） 満3～5歳　22万ウォン 満3～5歳障害者　39.4万ウォン	全所得階層支援 （所得・財産水準と関係なし） 満3～5歳　10万ウォン	＜農漁村＞ 満3歳　12.9万ウォン 満4歳　10.0万ウォン ＜障害児童＞ 満3～4歳　10万ウォン
満5歳			＜農漁村・障害児童＞ 満5歳　10.0万ウォン

※上記とは別途に、民間保育所（オリニジップ）には施設補助金（基本保育料）を支援する
※満0歳1人当たり36万1000ウォン、満1歳は17万4000ウォン、満2歳11万5000ウォン

出所：保健福祉部（http://www.mw.go.kr）、育児政策研究所（http://www.kicce.re.kr）、アイサラン保育ポータル（http://www.childcare.go.kr）、『朝鮮日報』（2013年1月2日）を参考に筆者作成

4. オリニジップ（子供の家）の利用実態

オリニジップの種類

　オリニジップとは保護者の委託を受けて、6歳未満の就学前の児童を保護養育する保育所である。運営時間は、月〜金までは12時間（7：30〜19：30）、土曜日は8時間（7：30〜15：30）で、週68時間の保育を保障しており、保護者の働く時間を考慮し、基準時間を超えて調整運営することができる。

　①「国公立オリニジップ」は、国家と地方自治団体が設置・運営するオリニジップのなかで、職場オリニジップを除いたものである。常時幼児11人以上を保育できる施設が必要であるが、小規模の農漁村のオリニジップの場合、3人以上を保育することができる施設である。

　②社会福祉事業法による社会福祉法人が設置・運営する「社会福祉法人オリニジップ」「法人や団体などのオリニジップ」、そのほか「民間オリニジップ」は、常時幼児21人以上が保育できる施設を備えなければならない。

　③「職場オリニジップ」は、事業主が事業所の労働者のために単独または共同で事業所内または近隣地域に設置・運営するオリニジップである。常時幼児5人以上を保育する施設が必要であり、保育定員の3分の1以上は設置事業所の労働者の子供であるのが原則である。

　④「家庭オリニジップ」は、個人が家庭またはそれに準ずるところで設置・運営するオリニジップで、常時、幼児5人以上20人以下を保育する。

　⑤「父母協同オリニジップ」は、保護者15人以上が組合を結成して設置・運営するオリニジップで、常時幼児15人以上を保育する。

オリニジップ利用実態

　設立主体別オリニジップの推移をみると（図2）、すべてのオリニジップ設立が増加傾向である。1992年と2011年の約20年間の増加率を比較すると、国公立は193.9％、法人は244.0％、民間984.9％、家庭958.9％、職場1503.6％で、全体保育所計では782.8％増加している。とくに増加率が著しいのは民間オリニジップと家庭オリニジップで、2014年現在、民間オリニジップは1万

図2　設立主体別オリニジップ設立推移 （単位：箇所）

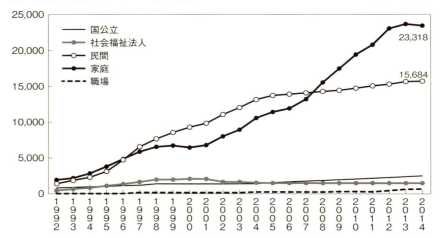

出所：保健福祉部『保育統計』2014年を参考に筆者作成
注：民間オリニジップの数は法人・団体等のオリニジップ数を含めている

5684カ所、家庭オリニジップは2万3318カ所である。一方、保育児童も増加傾向で、オリニジップ児数は1992年12万3297人から2014年149万6671人で、約20年前と比べ1113.9％増加した。

〈図3〉は0～5歳児の保育所受託比率を示したものである。0～5歳子供の保育所受託率は1990年1.2％から2009年43.7％、2011年は48.9％へと増加しており、25～34歳の働く既婚女性の子供の保育所受託率は1990年3.0％から2009年96.2％へと急速に増加している。

〈表2〉は、オリニジップ設立主体別施設および児童の2014年の実態を示したものである。設立主体別にみると、家庭オリニジップが53.3％で最も多く、次に民間オリニジップ33.9％であり、国公立オリニジップは5.7％に過ぎない。在籍児童数は、全体園児のなかで、51.8％が民間オリニジップ、24.4％が家庭オリニジップに在籍している。

次に、オリニジップ利用率をみると、すべての種類のオリニジップで在籍児童数が定員を満たしていない。利用率が最も高いのは国公立オリニジップ88.5％で、最も低いのは職場オリニジップ76.0％である。一方、保育教師数をみると、民間オリニジップで45.5％、家庭オリニジップで33.0％が働いて

図3 0〜5歳児の保育施設受託率　　　（単位：％（左目盛り）、箇所（右目盛り））

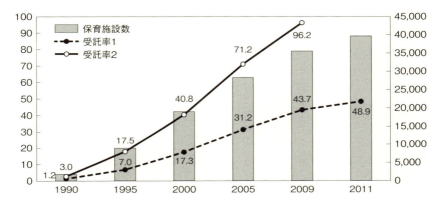

出所：統計庁『将来人口推計』『経済活動人口調査』、保健福祉部『保育統計』2012年を参考に筆者作成
注：(1) 受託率1 =（保育所児数／0〜5歳子供の数）×100
　　(2) 受託率2 = ｛保育所児数／[（0〜5歳子供の数）×（25〜34歳既婚女性の労働力率）]｝×100

表2　設立主体別オリニジップ利用実態（2014年12月31日現在）　　（単位：箇所、人、％）

		計	国公立	社会福祉法人	法人・団体等	民間	家庭	父母共同	職場
オリニジップ数	カ所（A）	43,742	2,489	1,420	852	14,822	23,318	149	692
	割合	100.0	5.7	3.2	1.9	33.9	53.3	0.3	1.6
保育児童数	定員数（B）	1,800,659	179,939	137,017	61,483	946,519	419,352	4,682	51,667
	割合	100.0	10.0	7.6	3.4	52.6	23.3	0.3	2.9
	在籍園児数（C）	1,496,671	159,241	104,552	49,175	775,414	365,250	3,774	39,265
	割合	100.0	10.6	7.0	3.3	51.8	24.4	0.3	2.6
	利用率	83.1	88.5	76.3	80.0	81.9	87.1	80.6	76.0
保育教師数	人員（D）	311,817	28,977	19,045	8,749	141,977	102,947	856	9,266
	男性	14,270	884	1,878	729	9,117	1,527	25	110
	女性	297,547	28,093	17,167	8,020	132,860	101,420	831	9,156
	割合	100.0	9.3	6.1	2.8	45.5	33.0	0.3	3.0
オリニジップ1カ所当たり児童数（C/A）		34.2	64.0	73.6	57.7	52.3	15.7	25.3	56.7
保育教師1人当たり児童数（C/D）		4.8	5.5	5.5	5.6	5.5	3.5	4.4	4.2

出所：保健福祉部『保育統計』2014年
注：1) オリニジップ利用率＝（在籍園児数／定員数）　2) 割合は、小数点以下は四捨五入したため100％にならない

いる。

　オリニジップの1カ所当たり在籍児童数をみると、社会福祉法人オリニジップが73.6人で最も多く、次に国公立オリニジップ64.0人である。保育教師1人当たり児童数は、平均4.8人であり、家庭オリニジップが3.5人で最も少ない。

5. 保育政策が抱えている問題

国公立オリニジップ不足

　2012年から実施する0～2歳児の無償教育、5歳児のヌリ課程導入、また、2013年からは0～5歳の完全無償教育を実施することになり、オリニジップに対する需要が高まり、供給も増えてきた。とくに、国公立オリニジップは、国が保育所を管理し、保育サービスおよび保育教師の質が保障される点、また、政府の財政支援により保育費が民間保育施設に比べて安い点などで、親の国公立オリニジップに対する需要が高まっている。

　しかし、全体のオリニジップのなかで、国公立オリニジップは5.7％にすぎない。国公立保育施設の割合は国によってさまざまなので、他の先進国と一概に比較できないが、スウェーデン80％、フランス100％に比べれば韓国は非常に少ない。

職場オリニジップ不足

　政府は女性労働者の保育負担を軽減し、女性の経済活動参加を促進するため「職場保育制度」を導入し、職場保育施設設置および運営を支援してきた。「勤労基準法」と「男女雇用平等と仕事・家庭両立支援に関する法律」により、一定規模以上の事業所には事業主が職場保育所を設置するのが義務づけられている（「男女雇用平等と仕事・家庭両立支援に関する法律」第21条、「雇用保険法」第26条、「雇用保険法施行令」第38条第1項および「雇用保険法施行規則」第59条）。

　常時女性労働者300人以上または労働者500人以上を雇っている事業所は職場オリニジップを設置しなければならない。事業主が単独で職場オリニジッ

プを設置することができない場合は、事業主共同で設置・運営するか、または地域のオリニジップと委託契約を結んで労働者を支援（設置できない場合は労働者に保育手当を支給）しなければならない。

　労働部は職場保育施設の設置無償支援および融資支援、また運営費を支援しており、2004年には54億9900万ウォン、2005年には100億200万ウォンを支援した。労働部によると、事業所は2003年105カ所、2004年132カ所、2005年141カ所など、毎年続けて増加している。2007年6月末、義務設置事業所は総564カ所で、職場保育施設を設置または保育手当を支給するなど、職場保育サービスを提供している事業所は183カ所である。

　しかし、労働部の支援にもかかわらず、職場保育施設設置義務事業場の場合、費用負担、設置基準と不履行に対する制裁がなく、企業は財政的負担、児童数不足、場所不足などの理由で職場保育施設の設置に消極的で、義務設置事業所の保育施設設置率は2009年の場合は35.9％（民間29.7％）に留まった。保健福祉部によると（2010年12月末基準）、職場保育所設置義務事業場833カ所のなかで、263カ所が不履行で、平均不履行率は32％である。うち、民間不履行率は51％、学校不履行率は35％である。

　2011年12月、幼乳児保育法が改正され、職場保育施設設置義務を遂行しない事業場を公表し、また職場保育施設設置を活性化するために、設置可能階数および近隣の遊び場の認定基準を緩和し、義務事業所別（国家機関、自治体、学校、民間事業場）接近方式を多様化するとともに、設置支援拡大及び人件費支援を強化することになった。

保育予算負担増加

　GDPに占める保育財政比率は、2010年には0.48％、2011年には0.53％で低かった（『保育統計2012年』）。しかし、2012年3月から5歳のヌリ課程、2013年3月からは3〜5歳のヌリ課程および0〜5歳の完全無償教育制度を実施してから、保育分野支出は増え続けている。韓国開発研究院報告書（『保育・乳児教育支援に関する9つの事実とその政策的含意』2013年8月）によれば、政府の保育予算は2003年約3000億ウォンから2013年4兆1400億ウォンで、10年間に13倍増加しており、乳児教育予算は、2005年6378億ウォン水準から年

25.8％ずつ増加し、2013年に約4兆ウォンに達する。

オリニジップ保育費は、国庫と地方費で負担している。ところが、2012年3月から実施した「5歳児のヌリ課程」や、2013年3月から実施している「3～5歳児のヌリ課程」の財源は地方教育財政が負担している。各地方自治団体は保育予算の急増により地方教育交付金の追加財政確保が今後も課題である。

母親の就業率よりも高い保育施設利用率

現在の韓国の保育政策によると、親の所得水準と関係なく0～5歳児の保育費を支援しており、母親の就業可否と関係なくオリニジップを週68時間無償で利用できる。この結果、0～2歳児の子供を抱えた女性の就業率（33.2％）が保育施設利用率（48.7％）より低いというOECD諸国のなかでもめずらしい現象が現れている（図4）。

図4 0～2歳児保育所利用率および母親の就業率 （単位：％）

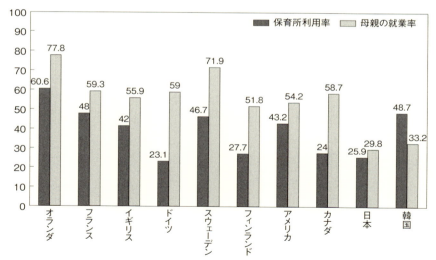

出所：韓国開発研究院報告書『保育・乳児教育支援に関する9つの事実とその政策的含意』（2013年）を参考に筆者作成
注：OECD各国の0～2歳児の母親の就業率は2010年基準、カナダは2008年、韓国は2012年基準である

参考文献
裵　海善「韓国の保育政策と保育所利用実態」筑紫女学園大学・筑紫女学園大学短期大学部『紀要』第9号、2014年1月

コラム

【オリニジップと幼稚園】
　韓国では、保育施設はオリニジップ（子供の家）と呼ばれ、0歳から5歳児を保育している。管轄は保健社会部から内務部へ、また保健福祉部、女性家族部へと移転し、現在は保健福祉部の管轄である。幼稚園は3～5歳児対象の教育機関で、管轄は教育科学技術部である。

第3部
女性雇用と政策

第7章

女性雇用者の雇用実態

　経済が成長し女性の教育水準が上昇するにつれて、女性労働力率が上昇するという現象は多くの国でみられる。しかし女性労働力の増加パターンはその国の経済発展の度合や経済成長率のような経済的要因、あるいは社会構造、人口構造、文化的な要因等の非経済的要因によって影響を受けることから、国ごとに差がある。

　韓国は女性の労働市場進出が進んでいるとしても「男は仕事、女は家庭」という固定的な性別役割分担の傾向がまだ根強く、OECD先進国のなかでも女性の年齢別労働力率はM字型カーブをみせている。女性が結婚、出産、育児により経歴断絶（キャリアブレーク）を経験し、その後再び労働市場に参入する際は、以前より条件の悪い雇用形態で、長時間労働をするか、非正規雇用として低賃金で働くことになる。その結果、女性の雇用者数は増加しているが、一方では女性の非正規雇用者数も増えている。

1. 女性雇用者の増加とM字型カーブ

女性労働力の増加推移

　工業化が始まった1960年代からの約50年間の女性労働力の長期推移をみると、経済変化とともに女性雇用者率が増加している（図1）。女性の労働力率（韓国では「経済活動参加率」）は1963年37.0％で低かったが、上昇し続け、

図1　女性労働力の従業上の地位別割合 (単位：%)

出所：統計庁『経済活動人口年報』
注：全産業女性就業者の従業上の地位別就業者を女性15歳以上人口で割ったものである

2014年現在51.3％で、15歳以上女性の2人に1人は働いている。

　産業構造の変化とともに女性雇用者率は上昇し、女性家族従業者率は低下していく。1979年からは女性雇用者率が女性家族従業者率を上回るようになった。女性雇用者率は1963年7.5％から増加し続け、2014年現在37.4％である。一方、女性家族従業者率は1965年20.4％をピークに減少し続け、2014年現在4.8％である。女性自営業者率は大きな変化がなく、1963年7.6％、2014年現在7.3％である。

年齢階級別女性労働力率

　年齢階級別女性労働力率をみると（図2）、経済発展初期段階にはその当時の主な産業であった農業部門が過剰人口状態であったので、女性労働力率はほぼ全年齢にかけて低かった。経済発展と女性の教育水準の高まりとともに、15～19歳を除いた年齢階級での女性の労働力率が高まるが、よりはっきりしたM字型カーブをみせている。

図2 年齢階級別女性労働力率 (単位：％)

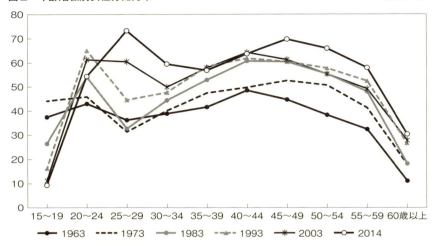

出所：統計庁『経済活動人口年報』により筆者作成
注：女性の年齢階級別労働力率＝女性の年齢階級別(経済活動人口/15歳以上人口)×100

　晩婚化や未婚化の進行、また共働き世帯の増加とともに、M字型カーブの谷のところの労働力率も全般的に上昇傾向ではあるが、女性が出産や育児のため、いったん仕事をやめ、育児が一段落してから労働市場に復帰する就業パターンが一般的である。

　女性の年齢階級別労働力率を先進主要国と比較すると、M字型カーブは韓国と日本の特別なタイプではなく、1970年代以前にはアメリカやヨーロッパ諸国でも現れたことがある。今日では、スウェーデン、フランスの女性労働力率は男性と同じく高く、台形型となっている。ドイツやイギリスでは、出産・育児期の女性労働力率が若干低いものの谷は見られなくなった。女性労働者がスウェーデン、フランスのように経歴が断絶することなく働き続けるようにするためには、出産休暇制度や育児休業制度、保育所の整備等が必要である。

年齢階級別女性雇用者率

　1960年代初め頃の韓国は経済発展初期段階で、失業者が多かった。当時の

図3　年齢階級別女性雇用者率　　　　　　　　　　　　　　　　　（単位：％）

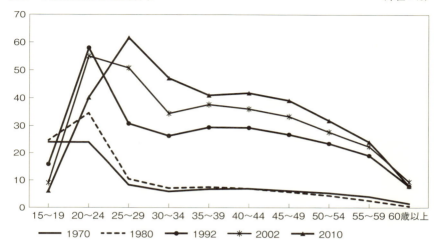

出所：経済企画院『総人口及び住宅調査報告』（1970、1980年）、統計庁『経済活動人口年報』（1992、2002、2010年）により筆者作成

注：女性年齢別雇用者率＝女性の年齢階級別(雇用者/15歳以上人口)

人口は2004万人で、失業者は250万人程度で、農村では限界生産力がゼロに近い潜在失業者が多く存在した。農村の潜在失業者の限界生産力がゼロに近いということは現実的に立証が難しいが、人口過密後進国ではこのような要件がだいたい成立している（Lewis 1954, Paglin 1965）。また1960年代以降の韓国経済の発展段階で、このような状況が反映されている（朴昇1983）。

　工業化とともに大量の若い労働力が都市へ移動することによって、いままで農業部門の潜在労働力であった女性労働力が増加し始め、とくに農業部門の既婚女性層での家族従業者が1970年代末まで大幅に増加し続けた。したがって、この期間の既婚女性層での雇用率は、ほぼ足踏み状態であるが女性労働力率は高まっていく。

　1990年代になると、既婚女性年齢層での雇用者率も高まっているが、出産とともに仕事をやめる傾向があり、既婚女性層の労働力の多くは自営業者や家族従事者として働いている。したがって、韓国の女性の年齢階級別労働力率がM字型カーブをみせているのは、若年女性層での高い雇用労働者率と既婚女性層での高い家族従事者率が混在して現れた結果であるといえる。

女性の経歴断絶(キャリアブレーク)

　女性雇用者は出産や育児のため仕事をやめる傾向があり、それが女性の経歴断絶の主な要因となっている(表1)。2014年4月基準で、15～54歳の既婚女性956万1000人のなかで、失業者および非労働力人口を含む非就業既婚女性は389万4000人で、既婚女性の40.7％を占める。

　非就業女性のなかで、結婚、妊娠と出産、育児、小学生の子供の教育を理由に仕事をやめ、経歴が断絶した女性は197万7000人である。これは15～54歳既婚女性の20.7％を占めている。また、非就業既婚女性のなかで、経歴が断絶した非就業既婚女性は50.8％(C/B)を占める。つまり、働いていない既婚女性の2人に1人は経歴が断絶している。経歴断絶女性が仕事をやめた理由をみると、結婚が41.6％で最も高く、育児31.7％、妊娠および出産が22.1％を占める。

表1　既婚女性の経歴断絶規模および経歴断絶理由(2014年4月)　　(単位:千人、％)

経歴断絶女性規模		経歴断絶理由		
	人数		人数	割合
15～54歳既婚女性 A	9,561	合計	1,977	100.0
非就業既婚女性 B	3,894	育児	627	31.7
割合 B/A	40.7	結婚	822	41.6
経歴断絶既婚女性 C	1,977	妊娠・出産	436	22.1
割合 C/A	20.7	子供の教育	93	4.7

出所:統計庁『地域別雇用調査』2014年4月
注:非就業女性は失業者と非労働力人口である

2. 女性非正規雇用

非正規雇用の定義

　韓国の非正規雇用の定義は、2002年7月22日の政労使委員会の合意により、雇用形態によって「限時的労働者」「時間制労働者」「非典型労働者」と区分される。

　「限時的労働者」とは雇用の持続性を基準にした分類で、契約社員、嘱託

社員、臨時雇、季節労働者などが含まれる。限時的労働は期間制と非期間制に分かれる。「期間制労働者」は一定期間の労働契約期間を締結した労働者で（契約有り）、契約期間の長短、名称とは関係がない。「非期間制労働者」は労働契約を定めていないが、会社の都合によりいつでも労働契約が終了するとの条件で働く労働者である。

「時間制労働者」は労働時間を基準にした分類で、1週間の所定労働時間が同じ事業場の通常の労働者よりも短いパートタイム労働者である。

「非典型労働者」は、労働提供方式による分類で、派遣労働者、請負労働者、特殊形態労働従事者、在宅労働者、呼出（短期）労働者が含まれる。

統計庁は2003年から「勤労形態別付加調査」により、限時的労働者、時間制労働者、非典型労働者の雇用動向を調査しているが、非正規雇用内の類型別データが重複しているので解釈の際は注意が必要である。

非正規雇用の雇用構造

〈表2〉は韓国の政労使委員会の合意による非正規雇用の分類基準と定義に基づき、女性非正規雇用の雇用形態別構成を示したものである。女性の雇

表2　非正規雇用の性別・雇用形態別構成（2014年）　　　　　　（単位：％）

	雇用者率	正規雇用	非正規雇用	2002年7月政労使委員会による区分						
				限時的労働者（雇用契約有無：契約、嘱託、臨時雇、季節雇等）			時間制労働者	非典型労働者（労働提供方式：派遣、請負、在宅、特殊形態、呼出等）		
				計	期間制	非期間制		計	派遣	その他
計	44.1	(67.6)	(32.4) 100%	57.7	45.2	12.5	33.4	34.8	3.2	31.5
男性	51.1	(73.4)	(26.6) 100%	61.1	47.5	13.6	20.8	39.5	2.8	36.6
女性	37.4	(60.1)	(39.9) 100%	54.8	43.3	11.5	44.4	30.7	3.5	27.2

出所：統計庁『経済活動人口年報』2014年、『経済活動人口付加調査』2014年8月より筆者作成
注：1）女性雇用者率は女性15歳以上人口のなかで女性雇用者が占める割合である。2）非正職職内類型別割合は非正規雇用を100％にした時、それぞれ占める割合である。3）付加調査の非正規職内類型別データは重複しているため、限時的労働者率、時間制労働者率、非典型労働者率を合計すると100％を超える。

用者率（女性15歳以上人口のなかで女性雇用者が占める割合）は37.4％である。非正規雇用者率を性別でみると、男性26.6％、女性39.9％で、女性のほうが13.3％ポイント高い。女性非正規雇用の雇用構造をみると、期間制労働者と時間制労働者（パートタイム）がそれぞれ43.3％と44.4％、非典型労働者が30.7％を占めている。

女性非正規雇用の時系列推移

韓国の非正規雇用の雇用形態別データが得られるのは2003年からである（図4）。女性雇用者率は、2003年31.1％から2014年37.4％へと6.3％ポイント増加している。一方、女性非正規雇用者率の推移をみると、2003年と2014年が39.5％で、上がり下がりはあるが10年間同じ水準である。

女性雇用者数の増加とともに非正規雇用者数も増加している（図5、左目盛り）。雇用形態別非正規雇用者が占める割合をみると（図5、右目盛り）、期間制雇用を含めた限時的雇用が占める割合が最も高いが低下傾向である。時

図4　女性非正規雇用者率の推移　　　　　　　　　　　　　　　（単位：％）

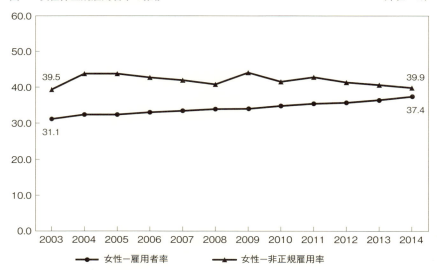

出所：統計庁『経済活動人口付加調査』（各年の8月結果）により筆者作成

図5 女性非正規雇用の雇用形態別推移　　　（単位：千人(左目盛り)、％（右目盛り））

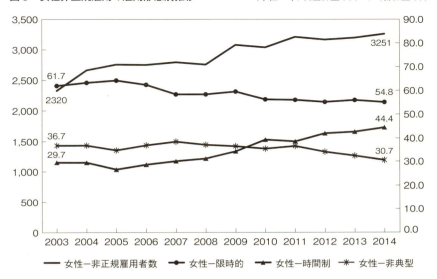

出所：統計庁『経済活動人口付加調査』（各年の8月結果）により筆者作成
注：1）女性非正規雇用のなかで雇用形態別女性非正規雇用が占める割合である。2）非正規職内の類型別データが重複しているため、雇用形態別非正規雇用の割合を合計すると100％を超える。

間制雇用が占める割合は増加傾向で、2003年29.7％から2014年44.4％へと増加している。とくに、韓国政府が女性と若者の雇用率を高めるため2013年11月に導入した「時間選択制雇用制度」（8章3節参照）は時間制雇用増加の要因の1つである。

女性非正規雇用の年齢階級別雇用構造

　女性非正規雇用の年齢階級別雇用構造でみられる特徴を確認するため、〈図6〉では女性の年齢階級別正規雇用と非正規雇用者数、〈図7〉では女性非正規雇用者数を年齢階級別・雇用形態別に示した。
　年齢階級別女性雇用者数は、40～49歳をピークに減少している（図6、左目盛り）。女性雇用者を正規と非正規で分けてみると、60歳以上層では非正規雇用者数が正規雇用者数を上回っている。女性の年齢階級別非正規雇用者率をみると（右目盛り）、非正規雇用者率の谷に当たる年齢が30～39歳である。

図6　女性の年齢階級別正規・非正規雇用　　　（単位：千人（左目盛り）、％（右目盛り））

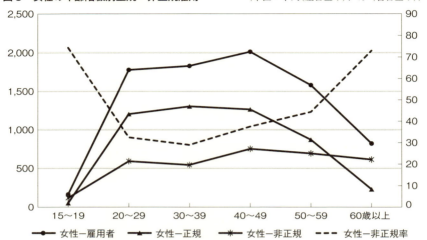

出所：統計庁『経済活動人口付加調査』（2014年8月結果）により筆者作成

図7　女性非正規雇用の年齢階級別・雇用形態別構造　　　（単位：千人）

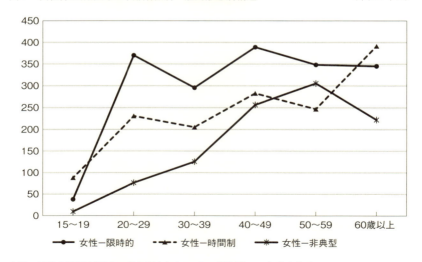

出所：統計庁『経済活動人口付加調査』（2014年8月結果）により筆者作成
注：非正規職内類型別データは重複しているため、雇用形態別非正規雇用者数の合計は非正規雇用
　　数と一致していない

女性非正規雇用の年齢階級別・雇用形態別構造をみると（図7）、15〜19歳の若年層や60歳以上を除いたすべての年齢層で限時的労働者が多く、時間制雇用と非典型雇用は年齢とともに増加する傾向がある。

労働市場の二重構造

　〈図8〉は性別・雇用形態別定額給与を示している。定額給与は日本の所定内給与額に相当し、基本給、職務手当、通勤手当、住宅手当、家族手当などが含まれる。男性正規雇用の定額給与を100にした時、女性正規雇用の給与は男性正規の約7割である。女性非正規雇用の給与は男性正規の40.1％であり、同じ非正規雇用であっても男性より女性の非正規雇用の給与が低い。

　したがって、韓国の女性非正規雇用は性別賃金格差、正規と非正規との賃金格差という労働市場の二重構造の問題を抱えている。男女の賃金格差の主な原因は、女性が出産や育児により経歴断絶（キャリアブレーク）を経験し、その後再び労働市場へ参入する際には労働条件が悪い非正規雇用として働くことによる。女性非正規雇用は、雇用不安を抱えながら低賃金に甘んじるしかない。

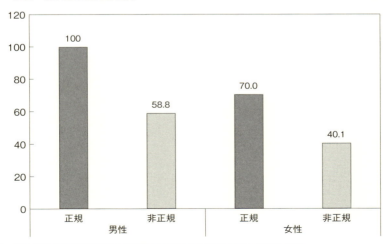

図8　性別・雇用形態別定額給与　　　　　　（単位：％、男性正規給与＝100％）

出所：雇用労働部『雇用形態別勤労実態調査報告書』2013年により筆者作成

3. 女性雇用と社会保険

加入条件

　社会保険の給付金を受給するためには、定められた加入条件を満たす必要がある。韓国の公的社会保険には労災保険、雇用保険、国民年金、健康保険がある。労災保険は雇用形態に関係なく労働者1人以上のすべての事業場が対象であり、保険料全額を事業主が負担する。

　〈表3〉では、労災保険以外の3種保険の加入条件と給付内容に関してまとめた。雇用保険、国民年金、健康保険の被保険者になるためには、1つの事業場の所定労働時間が月60時間以上（週労働時間15時間以上）である必要がある。

　女性非正規雇用者が雇用保険の被保険者になると、失業給付の基本手当のほかに、雇用保険から「産前後休暇給付金」と「育児休業給付金」が支給される。

　健康保険は「事業場加入者」（給与所得者対象）と「地域加入者」（自営業者などが対象）に分かれ、雇用者は事業場加入者となり、事業場加入者とその被扶養者以外の者は地域加入者となる。事業場加入者の保険料は労使折半で負担する。地域加入者は加入者本人が保険料を全額まかなうので、同じ被保険者の所得であっても、地域加入者の保険料負担が重い。

　国民年金は「事業場加入者」と「地域加入者」に大別され、前者は保険料を労使折半で負担し、後者は加入者本人が全額を負担する。給与所得者の配偶者である専業主婦は国民年金の適用対象外であるが、本人の選択により常時脱退可能な「任意加入者」として加入可能である。韓国の専業主婦または国民年金事業場加入者の条件を満たしていない女性非正規雇用者は任意加入者となり、本人が保険料を負担する。これは日本の1985年の年金制度改正以前の状態と似ている。

　女性の非正規雇用が増加しているなかで、時間制労働者の国民年金加入条件が緩和された。時間制労働者（パートタイマー）は1カ所の事業場の月労働時間が60時間以上であれば事業場加入者になれるが、2015年12月からは2

カ所以上の事業場の月労働時間が60時間以上で、本人が希望すれば「事業場加入者」になれる。

また、国民年金制度では、出産とともに仕事をやめ専業主婦になった女性は国民年金適用対象外になり、育児後再就職しても義務加入期間10年を満たさなければ年金の受給ができなかった。2015年4月21日、国民年金改正案が国務会議（行政府の最高審議機関）で通過し、経歴断絶前に保険料を支払った履歴があれば、専業主婦期間中も保険料納付が認められるようになった。経歴断絶後、非正規雇用者として再就業する女性は任意加入者になれる道が開かれたが、事業場加入者になれなければ保険料負担は相変わらず重い。

表3 社会保障制度の適用基準および給付内容（2015年5月）

	雇用保険	国民年金 事業場加入者（18～59歳）	健康保険 事業場加入者
対象	労働者1人以上の事業場	労働者1人以上の事業場	労働者1人以上の事業場
加入条件	▶労働時間が月60時間以上（週労働時間15時間以上） ▶雇用期間1カ月以上	▶労働時間が月60時間以上（週労働時間15時間以上） ▶雇用期間1カ月以上 ※「事業場加入者」にならないが所得活動に従事する人は所得水準に関係なく「地域加入者」となる。 ※事業場加入者の無所得の配偶者は国民年金適用除外対象者になるが、本人の選択により「任意加入者」として加入することができる。 ※健康保険事業場加入者の無所得の配偶者は被扶養者として被保険者になる。	
保険料率	▶失業給付の保険料は、賃金の1.30％を労使折半負担 ▶雇用安定事業と職業能力開発事業保険料は事業主負担	▶給与の9％を労使折半 ▶地域加入者と任意（継続）加入者は本人が9.0％全額負担	▶給与の6.07％を労使折半負担
給付内容	▶失業給付基本手当 ▶教育訓練給付金 ▶産前後休暇給付金 ▶育児休業給付金	老齢年金は60歳から支給（2013年から5年単位で1歳ずつ延長し、2033年から受給年齢は65歳）	▶傷病時の給付：自己負担1.5～3割

出所：http://www.nps.or.kr「国民年金」、国民年金NPS『国民年金統計年報』2013年、http://oneclick.law.go.kr「国民健康保険制度」、裵海善（2015年5月）を参考に筆者作成

加入実態

非正規雇用は雇用が不安定で、とくに労働時間が短い短時間労働者は雇用

保険に加入できないことがある。また国民年金と健康保険の場合、正規雇用者は保険料を労使折半で負担するが、多くの非正規雇用者は本人が全額負担する。

雇用者の労災保険を除いた3種保険の加入実態をみると（表4）、女性雇用者の加入率は男性雇用者に比べて低く、女性雇用者の6割強が社会保険に加入している。正規と非正規で分けてみると、非正規雇用の約4割が3種保険に加入している。非正規雇用の雇用形態別加入率をみると、限時的雇用者の加入率は6割程度で高く、時間制労働者と非典型労働者の加入率は非常に低い。

表4　雇用者の社会保険適用実態（2014年）　　　　　　　　　　　　　（単位：％）

		国民年金 （事業場加入者）	健康保険 （事業場加入者）	雇用保険
性別	男性雇用者	74.1	77.8	74.1
	女性雇用者	62.2	64.4	61.9
雇用形態別	正規職	82.1	84.1	82.0
	非正規職	38.4	44.7	43.8
	限時的労働者	56.0	65.3	62.8
	時間制労働者	14.6	17.8	19.6
	非典型労働者	21.8	31.2	29.2

出所：韓国の雇用形態別データは統計庁『経済活動人口付加調査』（2014年8月調査）、性別データは統計庁『社会保険加入現況』（2014年）により筆者作成

参考文献

朴　昇『経済発展論』博英社、1983年
裵　海善「日韓女子労働供給のタイムシリーズ分析」『日本経済研究』No.28、1995年3月
裵　海善「女子労働供給の韓日比較分析——クロス・セクション分析」名古屋大学経済学部『経済科学』43巻第1号、1995年6月
裵　海善「韓国の非正規職保護法と非正規職雇用計画」筑紫女学園大学・短期大学部、人間文化研究所『年報』第25号、2014年
裵　海善「女子非正規雇用の雇用構造と処遇の韓日比較」東アジア日本学会報告論文、2015年5月
Haesun Bae,"Female Employees Labor Supply in Korea and Japan: A Cross-section Analysis," *Japanese Cultural Studies*, Vol.49, 2014
Lewis,W.A., "Economic Development with Unlimited Supplies of Labour," The Manchester School, May 1954
Paglin,M.,"Surplus Agricultural Labor and Development: Facts and Theories, " *American Economic Review*, September 1965

第8章

女性雇用政策

　韓国での女性労働関連法条項は1953年制定された「勤労基準法」（日本の「労働基準法」に当たる）からであるが、政府が女性雇用問題を解決するため政策を策定し始めたのは「女性発展基本計画（1983～1986年）」からで、1987年「男女雇用平等法」、1995年「女性発展基本法」が制定された。女性雇用と関わる諸制度は2000年代に入ってから急速に整備されるが、その背景には、少子高齢化の進展がある。韓国は2001年、合計特殊出生率が1.3以下で超少子化国となり、2016年からは生産年齢人口が減少し始めるとの危機感から、女性労働への関心が高まった。

　女性の雇用率上昇が将来の国の経済成長率を高める効果は大きい。ミクロ的にみれば、女性の潜在能力を活かすことができ、女性の労働意欲を高め、女性の生産性上昇、管理職率上昇、男女賃金格差解消につながる。マクロ的にみれば、女性雇用を促進することによって少子高齢化社会における労働力不足が解消でき、経済成長を押し上げることができる。

　本章では、韓国の女性雇用政策に焦点をおき、政府が推進してきた女性雇用政策の60年間の流れを確認するとともに、女性雇用者の雇用促進政策の内容を確認する。なお、韓国では「労働」を「勤労」と表記するのが一般的であるので、本章でとりあげる法律や制度名は韓国で使う原語どおりに「勤労」と表す。

1. 女性雇用政策の流れ

　韓国労働部（現、雇用労働部）の女性雇用政策の時代別区分によると、特別保護期（1953～1960年代）、福祉支援期（1970～1980年代）、平等基盤構築期（1987～2000年）、雇用平等実現期（2001年以後）に分けられる。
　韓国で女性雇用関連政策が本格的に実施されるのは1998年「第1次女性政策基本計画」（以下、「基本計画」と略）からである。女性雇用政策は基本計画が実施される前の期間（1953～1997年）と、実施後の期間（1998年以後）に分けて考えることができる。

女性政策担当部署の変化
　韓国の工業化は1962年第1次経済開発5カ年計画を実施してからである。当時、労働力は豊富で資本が著しく不足していた韓国は、繊維産業を含めた労働集約的な軽工業産業からスタートする。この段階で、低賃金の製造業分野で働く女性（女工）が増え、女性労働者の賃金や労働条件が深刻な社会問題となり、女性労働者の業務と権益保護のために1970年に労働庁、「勤労基準担当官室」（1972年、「勤労基準官室」へと改称）が設置された。
　1980年代に入り女性問題に対する国際的な関心が高まるなか、国内でも女性問題解決のため、1983年「韓国女性開発院」（2007年から韓国女性政策研究院へと改名）を発足し、「女性政策審議委員会」を設置（1983年）した。
　1988年4月には政務長官（第2）室を新設し、女性問題を担当することになった。1998年2月には政務長官（第2）室は廃止され、女性政策担当部署として大統領直属の「女性特別委員会」が設けられた。しかし、政務長官（第2）室や女性特別委員会が政策を執行するには限界があったことから、女性政策を企画・総合する行政部署が必要であるとの認識が広がり、2001年1月「女性部」が誕生した。その後、女性部は家族業務と関わって、2005年「女性家族部」、2008年2月には「女性部」へと名称が変わる。2010年3月には再び「女性家族部」となり、家族、青少年、児童関連業務も合わせて担当している。

1953〜1997年の女性雇用政策

　女性雇用政策と直接関連がある法条項は1953年制定された「勤労基準法」の第4項「女性労働の特別保護と差別禁止」からであるが、主要法案は1980年代に入ってから制定された。1981年「職業訓練法」により女性の職業訓練を重視する規定を設け、1982年「職業安定法」には女性の就業機会拡大および女性に適した職種開発の努力義務規定を新設、1982年には「船員法」が改正され女性も船員になれるようになった。

　政府が女性雇用問題を解決するための政策を策定し始めたのは「女性発展基本計画（1983〜1986年）」からである。1962年からの約20年間の経済発展過程での女性の経済的・社会的不平等を解消し、生産力を高め経済社会発展を成し遂げるのが本計画の趣旨であった。女性労働力を活用するために、「労働市場での男女差別解消」「既婚女性の就業拡大」「女性労働力の進出可能分野開発」等が提案された。

　1987年、民主化運動の広がりとともに、労働市場での不平等が社会問題となり、1987年男女の平等な雇用機会および待遇の保障、母性保護を明示した特別法として「男女雇用平等法」が制定され、1988年から施行に入った。同法は1989年法改正により、「同一労働同一賃金」の規定が含まれた。

　第6次経済社会発展5カ年計画（1987〜1991年）には女性開発部門が初めて計画に含まれたが、独立した計画ではなかった。女性雇用と関連しては、「就業女性の労働条件改善」「時間制就業拡大方案」「女性職業訓練強化」などが取り上げられた。

　第7次経済社会発展5カ年計画（1992〜1996年）では、女性問題が本格的に国家発展計画として含まれ、「多様な職種への女性雇用拡大」「女性の雇用安定」「時間制就業拡大」「製造業部門の女性技能労働力確保」「農工団地内の就業機会拡大」などが推進課題とされた（韓国の1962〜1996年までの5カ年経済計画の内容に関しては『韓国経済がわかる20講』（裵海善著、明石書店）の第2部を参照）。

女性政策基本計画期間（1998〜2017年）

　政治・経済・社会・文化のすべての領域での男女平等を促進し、「女性の

表1　女性雇用政策と主な推進内容

女性担当部署	計画	主な推進内容	法律制定
1970年 労働庁 勤労基準 担当官室			▶「勤労基準法」第4項（女性労働の特別保護と差別禁止）(1953年) ▶「職業訓練法」（女性の職業訓練重視規定）(1981年) ▶「職業安定法」（女性の就業機会拡大を努力義務化）(1982年) ▶「船員法」改正（1982年）
↓ 1988年 政務長官 第2室	1983～1986 女性発展 基本計画		▶「男女雇用平等法」 (1987年制定、1988年施行)
	1987～1991 第6次 経済社会 発展 5カ年計画		▶「男女雇用平等法」改正（差別明文化、同一労働同一賃金、育児休業期間、苦情処理機関）(1989年)
↓ 1998年 大統領直属 女性 特別委員会 2001年 女性部	1992～1996 第7次 経済社会 発展 5カ年計画	▶第1次勤労女性福祉基本計画 (1994～1997年)	▶「女性発展基本法」 (1995年制定、1996年施行) ▶「男女雇用平等法」（採用と資金融資の差別禁止、配偶者の育児休業申請、職場保育施設設置条項緩和）(1995年)
	1998～2002 第1次 女性政策 基本計画	▶配偶者の年金分割受給権認定 (1998年) ▶7カ所事業所への職場保育施設設置支援 (1999年) ▶間接差別を禁止 (1999年) ▶産前後休暇期間60日→90日 (2001年) ▶育児休業給付金支給 (2001年) ▶育児休業奨励金支援制度導入 ▶育児休業対象者を男性へ拡大 (2001年) ▶女性再雇用奨励金制度導入 ▶女性公務員採用目標制 (1996～2002年) ▶女性公薦割当制 (2002年)	▶「勤労基準法」（解雇における性差別禁止）(1998年) ▶「男女雇用平等法」（間接差別条項、セクハラ関連規定）(1999年) ▶「女性企業支援に関する法律」(1999年) ▶「勤労基準法」「男女雇用平等法」「雇用保険法」を改正（2001年） ▶「雇用保険法」（産前後休暇給付および育児休業給付）(2001年) ▶「男女雇用平等法」（育児休業制改善、セクハラ予防規定）(2001年) ▶「勤労基準法」（母性保護妊婦の時間外労働・夜間労働・休日労働・産前後休暇延長・保護休暇・有害事業労働）(2001年)
		▶男女平等採用目標制 (2003～2017年) ▶国公立大学の女性教員採用目標制（2003年）	

2005年 女性家族部 ↓	2003〜2007 第2次 女性政策 基本計画	▶流産・死産の時、保護休暇使用（2005年） ▶積極的雇用改善措置（2006年） ▶全国大学の女性教員採用目標制（2007年） ▶育児休業代替人力採用奨励金（2004年） ▶育児休業使用可能児童年齢3歳未満（2004年） ▶積極的雇用改善措置（AA）施行（2005年） ▶保育施設評価認証制導入（2006年） ▶中小企業等、優先支援対象企業へ産前後休暇給付金90日支給 ▶（女性部）経歴断絶女性のための職業訓練および就業支援事業（2007年） ▶（労働部）主婦短期適応訓練、女性家長失業者訓練（2007年）	▶「乳幼児保育法」全面改正（2004年） ▶「勤労基準法」（産前後休暇、死産休暇、配偶者休暇）（2005年） ▶「男女雇用平等法」（流産・死産休暇）（2005年） ▶「男女雇用平等法」（積極的雇用改善措置施行計画、セクハラ、育児申請要件拡大）（2005年） ▶「雇用政策基本法」（職業紹介、職業能力開発訓練の段階でも性別による差別禁止）（2005年） ▶「男女雇用平等法」→「男女雇用平等と仕事・家庭両立支援に関する法律」へと改名（2007年） ▶「男女雇用平等法」（セクハラ防止、配偶者産休、経歴断絶女性、育児休業要件緩和、育児期労働時間短縮）（2007年）
2008年 女性部 ↓ 2010年 女性家族部 ↓	2008〜2012 第3次 女性政策 基本計画	▶ファミリー・フレンドリー認証制導入（2008年） ▶配偶者出産休暇導入（2008年） ▶育児期労働時間短縮制度（2008年） ▶専業主婦の国民年金加入要件緩和（2010年） ▶女性セイル・センター運営（2009年） ▶家族介護請求権（2008年）家族介護請求権義務化（2012年） ▶育児休業給付金（40％定率制）、育児休業要件（生後満6歳未満の子供）（2011年） ▶柔軟勤務制拡大（2011年）	▶「女性発展基本法」改正（2008年） ▶「経歴断絶女性等経済活動促進法」（2008年） ▶「雇用政策基本法」（育児休業要件緩和）（2010年） ▶「性別影響分析評価法」（2011年） ▶「女性発展基本法」改正（2011年）
	2013〜2017 第4次 女性政策 基本計画	▶配偶者出産休暇5日（有給3日、無給2日、2013年から300人未満事業所適用） ▶育児休業要件（満8歳以下または小学2年生以下）（2014年）	▶「女性発展基本法」改正（2013年） ▶「父母育児休業法」導入（2014年） ▶「女性発展基本法」（1995年）から「男女平等基本法」へと改名（2015年7月1日施行）

出所：http://law.go.kr「国家法令情報センター」（2013年8月30日確認）、http://contents.archives.go.kr「国家記録院」（2013年9月10日確認）、女性部「第5次UN女性差別撤廃協約移行報告書」、女性家族部「第7次UN女性差別撤廃協約移行報告書」、韓国女性政策研究院研究報告書22『社会発展に向けた女性統合30年の成果と展望（Ⅱ）』2012年、女性部「第1〜4次基本計画」（1998〜2012年）、女性家族部「第4次基本計画（2013〜2017）、http://enews.mogef.go.kr「男女平等基本法」（2014年8月24日確認）などに基づき筆者作成

発展」をはかることを目的とした「女性発展基本法」が1995年12月30日制定される（1996年7月1日から施行）。「女性発展基本法」が制定される決定的なきっかけになったのは大統領諮問機構である「世界化推進委員会」が21世紀世界化・情報化時代を迎え、国民の暮らしの質を向上させ女性の社会的役割と地位を高めるために「女性の社会参加拡大のための10大課題」を作成したが、その課題のなかの1つとして「女性発展基本法」の制定推進を1995年10月大統領に報告したことであった。

同法第7条(女性政策基本計画の樹立)に基づいて、女性政策に関する基本計画を5年ごとに策定し、施行することになった。基本計画は、男女平等の促進、女性の社会参加拡大、女性の福祉増進などに関する総合計画で、基本計画に基づいて中央部処や地方自治体は年度別施行計画を策定・施行する。女性発展基本法は日本の「男女共同参画社会基本法」(1999年施行)、女性政策基本計画は日本の「男女共同参画基本計画」(2000年、第1次計画実施)と内容面で共通点が多い。

「第1次基本計画（1998~2002年）」「第2次基本計画（2003~2007年）」「第3次基本計画（2008~2012年）」を経て、現在「第4次基本計画（2013~2017年）」を施行中である。第1次基本計画（1998~2002年）の成果として、1998年国民年金法を改正し、配偶者の「年金分割受給権」を認定して女性の福祉サービスを強化したこと、2001年には母性保護関連3法である「勤労基準法」「男女雇用平等法」「雇用保険法」を改正して、産前後休暇期間を60日から90日へと拡大し、育児休業給付金が支給されるようになったことがあげられる（詳しくは第9章1~2節参照）。

一方、政策決定過程での女性の参加を拡大する措置として、女性公務員採用目標制（1996~2002年）を実施するとともに、2002年と2005年の「政党法」改正、2005年の「公職選挙および選挙不正防止法」改正により、比例代表候補者のなかで50％以上女性を推薦することを規定した（詳しくは第10章2節参照）。

第2次基本計画（2003~2007年）では、仕事・家庭両立支援策として、乳幼児保育法改正（2004年）や保育予算の大幅な拡大により保育サービスの質的水準を向上する政策が実施されたことが特徴としてあげられる。なお、家族

内の根本的不平等原因を解消するため、戸主制が廃止された。

第3次基本計画（2008~2012年）では、仕事・家庭両立支援策がさらに強化され、2008年に、配偶者出産休暇制度、育児期労働時間短縮制度、家族介護休業請求権制度、ファミリー・フレンドリー認証制が新しく導入された。また、経歴断絶女性の就業を支援するため、経歴断絶女性等経済活動促進法を2008年に制定し、2009年から「セイル・センター（女性が新しく働くセンター）」を運営することになった（詳しくは第9章3～4節参照）。

2. 第4次基本計画（2013～2017年）

第4次基本計画は、「性別格差解消と共同参加」「緻密なセーフティーネット構築」「仕事と家庭のバランス」を3大基本目標とし、7個の大課題、21個の中課題および66個の小課題で構成されている（表2）。配偶者出産休暇を有給3日（2013年）とし、育児休業要件を満8歳以下の子供（2014年）にするなど、仕事・家庭両立支援策を強化した。

政府は、女性政策のパラダイムが「女性の発展」から「男女平等」へと転換したことを反映し、1995年制定された「女性発展基本法」（1996年施行）を2014年5月2日「男女平等基本法」（2015年7月1日施行）へと改名し、男女平等への政府の責任を強化した。基本法の改名とともに、女性家族部長官は5年ごとに「男女平等政策基本計画」を策定することになった。

3. 女性雇用促進政策

2000年代に入り、少子高齢化が大きな社会問題となってから、女性労働力の活用が国家競争力の新しい源泉であるとの認識が広がり、女性の雇用を促進する政策として、政府は、時間選択制雇用支援政策、経歴断絶女性就業支援政策を導入した。実施年度が短く、大きな成果がまだみられないが、女性の雇用を促進し、経歴断絶女性の再就業支援策としての意味は大きい。

表2 第4次基本計画(2013～2017年)の課題および指標

大課題	中課題	主な指標	2011	2017	参考資料
Ⅰ.女性の経済的力量強化	1. 生涯周期別女性の雇用を活性化 2. 職場での性差別改善 3. 対象別特性に合う能力の強化 4. 多様な分野への女性の進出および職場拡大	女性経済活動参加率	54.9%	60.0%	統計庁『経済活動人口調査』
		性別賃金格差	63.9% (2010)	70.0%	雇用部『雇用形態別勤労実態調査』
Ⅱ.子育て支援と仕事・家庭バランス基盤構築	1. 子育ての社会的分担強化 2. 仕事と家庭のバランス基盤強化	国公立保育施設の保育分担率	10.6%	30.0%	福祉部『保育統計』
		男性の育児休業取得率	2.4%	5.0%	雇用部『雇用保険統計』
		働く男性の平均1日家事時間	36分 (2009)	50分 (2014)	統計庁『生活時間調査』
Ⅲ.女性に対する暴力根絶と人権保障	1. 暴力被害女性に対する保護・サポート 2. 移民女性の人権保護強化 3. 女性人権保護および安全のための社会環境整備 4. 性暴力・家庭暴力および性売買防止	人口10万人当たり性暴行発生件数	32.5件 (2010)	30件	大検察庁『犯罪分析』
		強力犯罪被害者の女性割合	77.3% (2010)	70.0%	大検察庁『犯罪分析』
Ⅳ.女性・家族の福祉および健康増進	1. 女性フレンドリー福祉サービス拡大 2. 多様な家族支援拡大 3. 女性の健康支援強化	女性高齢者の貧困率	47.2%	35.0%	保社研『貧困統計年報』
		女性の国民年金加入者割合	38.2%	45.0%	年金公団『国民年金統計』
		非養育親の定期的養育費移行率	22.4%	30.0%	女性家族部『家族実態調査』
		女性の身体活動実践率	10.3%	15.0%	福祉部『国民健康統計』
Ⅴ.女性の指導的役割向上および参画拡大	1. 公共部門の女性の指導的役割向上 2. 統一と平和・安保のための女性参加活性化 3. 国際社会の性平等と女性の力量強化のための努力に主導的に参加	国会議員の女性割合	15.7% (2012)	18%	中央選管委
		地方議会議員の女性割合	14.8% (2010)	20%	中央選管委
		管理職公務員の女性割合	8.4%	14.0%	行安部『国家公務員人事統計』
Ⅵ.平等意識と文化の拡大	1. 初等・中等・高等教育での性平等強化 2. 平等で女性フレンドリーな放送・文化芸術の環境	第3子の出生性比	109.5人	105.0人	統計庁『人口動向調査』
		性差別深刻さに対する認識	75.5%	72.0% (2015)	女性家族部「女性政策需要調査」
		女性の生涯教育参加率	32.0%	35.0%	教科部「生涯学習実態」
Ⅶ.ジェンダー平等政策および責任強化	1. 性認知政策推進のための制度運営 2. 性平等政策推進主体の力量強化 3. 性平等政策推進基盤整備	国家性平等指数	62.6点	68.1点	女性家族部「国家性平等指数」

出所:女性家族部『第4次基本計画(2013～2017年)』2012年2月

時間選択制雇用(短時間正社員制度)

　先進諸国では時間制雇用を中心に柔軟な働き方を実施している傾向であるが、韓国は長時間労働慣行により、時間制労働者が少ない。朴槿惠政権は、選挙公約であった「雇用率70％」を達成するとともに、2013年11月、「時間選択制雇用活性化推進計画」を発表した。同計画は、「時間選択制雇用」創出を公共部門が先導するとともに、とくに女性の仕事・家庭の両立を支援し女性の雇用率を高めるとの趣旨で、民間部門における時間選択制雇用の拡大を支援するための財政支援を拡大することを目標としている。政府は時間制労働を定着するため、2010年から「常用型時間制労働先導企業」を発掘し支援している。

　時間選択制雇用とは、労働者が生活の必要性に合わせて働く時間帯を自ら選択し(自発的選択)、労働契約期間の定めがない労働契約を締結し(正規雇用)、賃金や福利厚生などの労働条件面では正規雇用労働者との差別がない、いわば「短時間労働の正社員制度」を意味する。週15時間以上30時間以下の労働時間を自発的に選択し、最低賃金の130％以上の給与を受給し、各種福利厚生面では正社員と同じ待遇を受け、国民年金、健康保険、雇用保険、労災保険の4大社会保険にも加入できる仕事の形態である。

　時間選択制仕事は「新規型」と「転換型」の大きく2つの類型に分けられる。新規型時間選択制の活用目的は、労働時間短縮により長時間労働慣行を見直すとともに生産性を高めること、企業の業務の忙しい時間帯に対応すること、経歴断絶女性や定年退職者などの優秀な人材を確保すること、などで

表3　時間選択制雇用

	新規型		転換型	
	経歴採用型	新規採用型	経歴維持型	経歴延長型
主な対象	▶経歴断絶女性 ▶第2の職業を希望する中年退職者	▶仕事・勉学両立労働者	▶仕事・育児両立の在職労働者	▶定年を控えた高齢労働者 ▶退職者
政府支援などの運営上の活用方案	▶時間選択制仕事の人件費支援等活用	▶先就業・後進学支援連携 ▶仕事・学習両立システムの活用	▶育児期の労働時間短縮支援と連携	▶労働時間短縮支援 ▶賃金ピーク制に連動

出所:雇用労働部・労使発展財団「時間選択制仕事」2013年

ある。転換型時間選択制の活用目的は、仕事と家庭の両立、高齢者の退職後の再就業、仕事と学業の両立ができるようにすることである。

時間選択制支援制度（事業主支援）

　政府は企業規模に関係なく時間選択制仕事を新しく導入する企業（事業主）を支援している。支援要件として、①正規職（無期契約）契約、②最低賃金の130％以上支給、③フルタイム労働者との均等待遇（労働時間比例保護原則適用）を満たせば、賃金の50％を１年間支援する。ただし、時間制労働者１人当たり賃金支援の上限は、中小企業（300人未満）の場合は月80万ウォン（日本円で約８万円）、大企業は月60万ウォン（日本円で約６万円）である。また、2014年から、時間選択制労働者を新規で採用した中小企業には国民年金と雇用保険の事業主負担金の100％を政府が２年間代納する。

経歴断絶女性の再就業支援（セイル・センター）

　育児や家事負担などで経歴が断絶し、非労働力人口状態である女性の再就業を支援するため、雇用労働部と女性家族部は共同で2008年「経歴断絶女性などの経済活動促進法」を制定し、2009年から「セイル・センター」（女性が新しく働くセンター）を運営している。

　「セイル」とは新しく働くとの意味である。妊娠・育児および家事負担などで経歴が断絶した女性や経歴がなくても就業を希望する女性は、セイル・センターで就業関連総合サービスを受けることができる。日本では女性の再就業支援として経済産業省が「主婦等向けインターンシップ」を、厚生労働省が「マザーズハローワーク」を運営している。

　セイル・センターは、2009年50カ所、2012年100カ所、2013年112カ所、2015年120カ所が指定されており、政府は2017年までに200カ所まで増やす計画である。セイル・センターは、職業相談、職業教育訓練、就業斡旋、就業後事後管理など、就業支援サービスを総合的に提供している。セイル・センターの場所、サービス内容に関しては女性家族部のホームページで確認できる。

参考文献
女性家族部『第4次基本計画(2013〜2017年)』2012年2月
裵　海善「韓国の女性雇用政策——60年間の政策変化と実態」筑紫女学園大学・筑紫女学園大学短期大学部『紀要』第10号、2015年1月

コラム

【戸主制廃止】

　戸主とは一家の家長で、戸主制は家族関係が戸主を中心に戸籍に整理され、これが父から息子につながる男性血統を代々永続させる制度であった。戸主制廃止のため、2005年「民法改訂」と2007年「家族関係登録などに関する法律」制定が行われた。

　戸主制は2008年1月1日に廃止となり、2008年から「家族関係登録法」が施行され、個人の家族関係は家ではなく、個人を基準に家族関係登録簿に作成されるようになった。

【女性雇用政策の流れの韓日比較】

韓国	日本
1988「男女雇用平等法」施行	1986「男女雇用均等法」施行
1996「女性発展基本法」施行	1999「男女共同参画社会基本法」公布・施行
1998「第1次女性政策基本計画」	2000「第1次男女共同参画基本計画」閣議決定
2003「第2次女性政策基本計画」	2003「少子化対策基本法」公布
2005「少子高齢化社会基本法」制定	2005「第2次男女共同参画基本計画」閣議決定
2008「第3次女性政策基本計画」	2010「第3次男女共同参画基本計画」閣議決定
2013「第4次女性政策基本計画」	

出所：筆者作成

第9章

仕事と家庭の両立支援政策

　韓国の年齢別女性労働力率がOECD諸国のなかでも珍しくM字型カーブになっているのは、女性雇用者が育児と仕事を両立するのが難しく、出産とともに仕事を辞める傾向があるからである。出産・育児期の女性の労働力率を高めるためには、産前後休暇制度・育児休業制度、さまざまなニーズに合わせた保育サービスの整備の他に、柔軟な働き方を可能にする就業制度の整備が必要である。

　韓国で産前後休暇および育児休業が有給となったのは2001年からである。2001年8月と2005年5月、女性雇用者の母性保護関連3法の改正により、産前後休暇期間の延長および有給化、育児休業の有給化を実現するなど、仕事と家庭の両立支援策が強化された。2007年には「男女雇用平等法」を「男女雇用平等と仕事・家庭両立支援に関する法律」へと改名し、「仕事中心」から、「仕事と家庭生活とのバランス」を重視する方向へと法令の全面改正が行われた。

　一方、女性の仕事と家庭が両立できる社会環境作りとして、2008年「ファミリー・フレンドリー社会環境助成促進に関する法律」を制定し、職場保育設置支援を強化するとともに、ファミリー・フレンドリー認証企業を拡大した。2013年からは、育児休業対象の子供の年齢を6歳から8歳へと高めるとともに、男性の育児休業利用率を高めるため2014年10月から「パパの月」を施行し、男性の育児休業を奨励している。

1. 妊娠・出産支援制度

産前後休暇制度

　産前後休暇の支援対象は「勤労基準法」が適用される妊娠中または出産した女性労働者である。1953年勤労基準法制定により60日の産前後休暇制度を導入したが、産休期間中の賃金は全額事業主負担であった。2001年8月、女性雇用者の母性保護関連3法（勤労基準法、男女雇用平等法、雇用保険法）の改正により、2001年11月から、産前後休暇期間が60日から90日（産後45日義務化）へと拡大された（勤労基準法第72条1項）。90日間とは、出産前44日、出産日1日、出産後45日である。ただし、出産後休暇は最低45日以上を確保する必要がある。

　産前後休暇期間中の給与は、勤労基準法と雇用保険法によって保障される。産前後休暇給付金を受給するためには、「雇用保険法第41条」により、雇用保険に180日以上加入する必要がある。給付金は、60日分は企業が負担し、延長した30日分に関しては雇用保険から給付金が支給（上限135万ウォン）された。しかし、雇用保険からの給付金負担が30日分にすぎなかったため、企業側が女性雇用を忌避する要因にもなった。

　2005年5月、母性保護関連3法の改正により、優先支援対象企業（中小企業）に対しては90日分を雇用保険から支給し、大規模企業の場合は従来通り、最初60日分に関しては企業の支給を義務化し、残り30日分は雇用保険から支給する。

　2012年からは、勤労基準法改正（2012年2月公布、8月施行）により、「産前後休暇分割使用」が可能となり、従来通りの産前後休暇を利用するのを原則とするが、例外的に、妊娠初期安静が必要な場合、妊娠期間中緊急状況が発生した場合、または、流産の経験がある女性労働者は、産前休暇44日を分割して使うことができる。分割使用の場合でも、産後休暇は45日以上を確保しなければならない。多胎児出産の場合は、120日間休暇をとることができ、出産後60日を確保する必要がある。

表1　産前後休暇給付金と利用者数

年度	女性（人）	雇用保険からの給付金
2002	22,711	2001年から有給化 30日分支給（上限135万ウォン）
2003	32,133	
2004	38,541	
2005	41,104	◆優先支援対象企業（中小企業） 　支給期間：90日分（多胎児120日） 　支給額上限405万ウォン（多胎児上限540万ウォン） ◆大規模企業 　支給期間：30日分（多胎児45日） 　支給額上限135万ウォン（多胎児上限202.5万ウォン）
2006	48,972	
2007	58,368	
2008	68,526	
2009	70,560	
2010	75,742	
2011	90,290	
2012	93,394	

出所：雇用労働部『雇用白書』2012〜2013年、http://www.moel.go.kr「雇用労働部」（2014年8月24日確認）を参考に筆者作成

流産・死産休暇給付制度

　流産・死産休暇を法制化（2005年）し、2006年1月から、妊娠16週以後流産または死産した女性労働者に、妊娠期間によって30〜90日間の流産・死産休暇を与え、産休と同じ水準の給付金を支給する。2012年からは、勤労基準法改正（2012年2月公布、8月施行）により、妊娠16週以前に流産・死産した女性労働者も5〜10日の流産・死産休暇をとることができるよう範囲を広げた。流産・死産休暇期間は、妊娠期間によって異なり、妊娠11週以内は流産・死産日から5日、妊娠12〜15週以内は10日、16〜21週以内は30日まで、22〜27週以内は60日まで、28週以上は90日まで休暇を取ることができる。休暇期間中の給付金は産前後休暇給付金と同じ基準で雇用保険から支給される。

配偶者出産休暇の有給化

　配偶者が出産したすべての労働者が支援対象で、契約職や派遣労働者も含まれる。配偶者が出産した日から、30日以内に事業主に請求しなければならない。休暇期間は従来は無給3日であったが、「男女雇用平等と仕事・家庭

両立支援に関する法律改正」(2012年2月公布、8月施行) により、配偶者出産休暇を有給3日とし、必要であれば5日まで (追加2日は無給) 使用できるようになった。300人未満の常時労働者の事業所は2013年3月から施行された。一方、公務員の場合は、2010年7月から、有給3日から有給5日をとることができるようになった。

2. 経歴断絶予防支援

出産育児期雇用支援金 (非正規雇用の再雇用、事業主支援)

妊娠中または産前後休暇中に契約期間が満了する非正規女性労働者を再雇用する事業主を支援する制度である。契約職や派遣労働者が、妊娠または産前後休暇中に契約期間が終了する場合、契約期間終了直後または出産後15カ月以内に、1年以上の期間を定めた雇用契約を締結する事業主には、240万ウォン (女性労働者1人当たり月40万ウォンを6カ月間支給) を継続雇用支援金として支給し、「期間の定めがない雇用契約を締結した事業主」には、540万ウォン (最初の6カ月間は女性労働者1人当たり月30万ウォンずつ、以後6カ月間は月60万ウォンずつ) を支給する。

育児休業制度 (父母育児休業制度)

韓国では1987年男女雇用平等法制定時、初めて育児休業制度が取り入れられた。当時は、生後1歳未満の乳児を持つ女性労働者を対象としたが、1995年法改正とともに、女性労働者の配偶者である男性労働者も選択的に育児休業が取れるようになった。2001年、母性保護関連3法改正により、配偶者である女性が働いていなくても男性労働者が育児休業を申請することができるようになった。また、育児休業を義務化するとともに、育児休業後復帰を保障し、雇用保険から育児休業給付金を支給するなど、関連規定を強化した。

育児休業の対象子供の年齢は、2005年男女雇用平等法の改正により「生後3歳未満」までであったが、2011年から「満6歳未満」まで、2014年から「満8歳以下または小学校2年生以下」へと要件がさらに緩和された。男女ともに1年以内の育児休業を取ることができるが、同時休業は不可能である。

育児休業給付金は雇用保険に180日以上加入し、30日以上休業した場合に支給される。育児休業給付金は、月50万ウォンの定額を支給する定額制であったが、2011年1月からは育児休業前の通常賃金の40％を支給する定率制へと変更された（最高100万ウォン、最低50万ウォン）。育児休業による経歴断絶を予防する目的で、育児休業給付金の85％は毎月支給されるが、給付金の15％は職場復帰6カ月後に一括支給される。ただし、育児休業復帰インセンティブとして、休業期間の実質受給額が50万ウォン以下である場合50万ウォンを支給し、50万ウォンを超える金額に関しては復帰後支給する。

　政府は男性の育児休業利用率を高めるため、雇用保険施行令を2014年改正し、育児休業制度の名称を2014年3月から「父母育児休業制度」へと改名した。育児休業は女性が先に利用するケースが多いことから、男性の育児休業を奨励するため男性の育児休業を「パパの月」と名づけた。2014年10月からは父母ともに育児休業を利用した場合、例えば、女性が先に利用し、男性が次に利用する場合、「パパの月インセンティブ」として、男性の最初1カ月の育児休業給付金を通常賃金の40％から100％へと高め、支給上限額も150万ウォンとした。

　「パパの月インセンティブ」と名づけたのは、育児休業を女性が先にとり、次に男性がとる場合が多いためである。育児休業を男性が先にとり、女性が次にとる場合も、2番目の利用者への給付金インセンティブは同じである。2016年からは、「パパの月インセンティブ」は従来の1カ月から3カ月へと長くなる。

　なお、育児休業者と企業の負担を軽くし、育児休業を奨励するため、育児休業期間中の健康保険料減免を2011年からは50％から60％へと高めた。したがって、育児休業者と企業の負担分はそれぞれ10％軽くなる。

育児休業実施状況

　育児休業制度は、1987年男女雇用平等法改正とともに導入されたが、賃金補てんなどの支援制度がなかったことから、これに対する実績も把握できなかった。2001年11月から雇用保険基金から育児休業給付金が支給されることとなり、育児休業給付金受給者数をベースに育児休業者が把握できるように

なった。

　育児休業を利用する女性労働者は毎年ふえている。女性の産休利用者のなかで、女性の育児休業利用者は2002年の場合16.2％であったが、2012年には66.7％へと増加した。男性の育休利用者は極めて少なく、全体育休利用者のなかで男性が占める割合は、2002年2.07％、2013年3.29％で、約10年間大きな変化がみられない。政府は2014年から実施する「父母育児休業制度」により、男性育児休業利用者を10％まで高めるとの目標である。

　韓国労働組合総連盟（労総）が調べた男性労働者を対象にした育児休業関連アンケート調査によれば、応答者の89.6％が「育児休職機会があれば使う」と回答しているが、実際育休を使うことができない理由として、応答者の58％が「職場での雰囲気を意識して」、24.8％が「育児給付金が不十分であ

表２　育児休業利用者と給付金

	全体(人)	女性(人)	男性(人)	男性が占める割合％	雇用保険からの月給付額（2001年から有給）	対象子供の年齢
2002	3,763	3,683	78	2.07	20万ウォン	満1歳未満
2003	6,816	6,712	104	1.53	30万ウォン	
2004	9,303	9,122	181	1.95	40万ウォン	
2005	10,700	10,492	208	1.94	40万ウォン	満3歳未満
2006	13,670	13,440	230	1.68	40万ウォン	
2007	21,185	20,875	310	1.46	50万ウォン	
2008	29,145	28,970	355	1.22	50万ウォン	
2009	35,400	34,898	502	1.42	50万ウォン	
2010	41,732	40,913	819	1.96	50万ウォン	
2011	58,137	56,735	1,402	2.41	通常賃金の40%上限・下限ある	満6歳未満（2011年から）満8歳以下（2014年から）
2012	64,049	62,279	1,790	2.79		
2013	69,616	67,323	2,293	3.29		
適用対象	労働形態、職種を問わず労働者1人以上のすべての事業場が適用対象で、短時間、臨時雇、嘱託・派遣労働者等も含まれる。					

出所：雇用労働部『雇用白書』2012～2013年、http://www.moel.go.kr「雇用労働部」（2014年8月24日確認）を参考に筆者作成

表3　性別・育児休業給付金の新規受給者および受給金額　　　　　（単位：百万ウォン）

		2007年	2010年	2012年
全体	新規受給者	21,185	41,732	64,049
	受給金額	60,988	178,120	357,797
男性	新規受給者	310	819	1,790
	受給金額	740	2,538	9,153
女性	新規受給者	20,875	40,914	62,279
	受給金額	60,248	175,581	348,644

出所：韓国雇用情報院「雇用保険統計年報」2007年、2010年、2012年

る」と答えている。

育児期の労働時間短縮制度

　育児期の労働者が仕事をしながら子育てができるように、育児期労働時間短縮制度が2008年6月に導入された。しかし、制度の導入にもかかわらず、事業主に使用可否の裁量を与えているので、事実上利用が困難であること、育児休業と違って所得減少分に対する補てんが一切ない、との理由で実際に活性化するには限界があった。「男女雇用平等と仕事・家庭両立支援に関する法律改正」（2012年2月公布、8月施行）により、育児休業が申請できる労働者が労働時間短縮を申請する場合、経営上特別な理由がない限り認めるよう義務づけられた。

　育児期労働時間短縮期間の給与は、働いた時間分に関しては事業主が支給し、短縮した勤務時間に対する給与は育児休業給付金（通常賃金の40％）を基準にし、短縮した労働時間に比例して支給される。

　対象子供の年齢は育児休業と同じく、満8歳以下または小学校2年以下で、育児休業と育児期労働時間短縮制度を合わせて1年を超えることはできない。事業主が労働者に労働時間短縮を認めた場合に利用することができ、短縮後の労働時間は週当たり15時間以上30時間以下である。

　育児休業と育児期労働時間短縮を1回分割して使用することができ、育児休業や労働時間短縮を合わせて使用することも可能であるが、給付金を受給するためには育児休業を1回30日以上続けなければならない。

表4　育児休業制度と育児期労働時間短縮制度の比較（2015年7月現在）

	育児休業制度	育児期労働時間短縮制度
対象	満8歳以下または小学2年生以下の子供がいる労働者	
給与	▶育児休業前の通常賃金の40％支給（上限100万ウォン・下限50万ウォン） ▶給付金の15％は職場復帰6カ月後に支給	育児休業給付金を基準とし、短縮した労働時間に比例して支給
事業主への支援金	▶育児休業・育児期労働時間短縮を認める事業主に支援金支給（出産育児期雇用支援金） ▶新規で代替労働者を採用した場合支援金支給（出産育児期代替人力支援金）	
拒否の場合	500万ウォン以下の罰金	500万ウォン以下の過料
期間	育児休業制度と育児期労働時間短縮を合わせて1年	

出所：http://www.moel.go.kr「雇用労働部」

出産育児期雇用支援金（事業主支援）

　代替労働者を新規採用する事業主を支援し、妊娠・出産した女性の雇用安定を支援するのが目的で、労働者に30日以上育児休業を与えた事業主を支援する制度である。労働者に育児休業や育児期労働時間短縮を30日（産前後有給休暇90日と重複する期間は除く）以上与え、育児休業終了後に職場に復帰した労働者を30日以上続けて雇用した事業主に1人当たり20万ウォン（大規模企業は10万ウォン）を支給する。

出産育児期代替人力支援金（事業主支援）

　産前後休暇、流産・死産休暇、育児休業などの開始日前の30日になる日（産前後休暇に引き続き育児休業を使用する場合には産前後休暇開始日前の30日になる日）から新規で代替人力を採用して30日以上雇い、産前後休暇、流産・死産休暇、育児休業の終了後、当該労働者を30日以上続けて雇った事業主には、代替人力で新規採用された1人当たり月60万ウォンを支援する。大規模企業の場合は月40万ウォンを支援する。ただし、新しい代替人力を雇用する前の3カ月、雇用後の6カ月までには他の労働者を離職させてはならない。

家族介護休職制度

　家族介護による女性の経歴断絶を防ぐため、労働者の家族が長時間の療養

が必要な場合、休職できるよう「男女雇用平等法と仕事・家庭両立支援に関する法律」を改正し、2012年8月から（300人未満事業所は2013年2月から）家族介護制度を施行している。年90日まで休職でき、1回利用の際、30日以上続けて使わなければならない。しかし、休職給付はなく、事業主は賃金を支払う義務がない。家族介護休職期間中の勤続年数計算、年次休暇との関係は雇用労働部のホームページで確認できる。

3．柔軟な働き方の拡大

韓国の雇用慣行はフルタイム中心の長時間労働であるので、育児期の女性が仕事と養育を両立するのが非常に難しい。女性賃金雇用者のための短時間雇用機会が少ないことから、政府は柔軟な働き方ができるよう、改善を進めてきた。政府は、①公務員の労働時間を単純に業務時間を管理する体制から成果中心の勤務体制へと転換し、②女性の雇用拡大のために、仕事と家庭が両立可能な体制を導き、③創意的業務遂行により国家競争力を高める、との趣旨で、2010年2月、第2次国家雇用戦略会議で「柔軟勤務制拡大方案」を策定した。

公共部門先導モデル拡大
政府は労働者と事業主が勤務時間と場所を自由に選択・調整する制度として、5つの分野、9つの類型の柔軟勤務制を導入し、公共機関を対象に柔軟勤務制実績を調べ、公共機関の評価に反映してきた。勤務形態（Type）、勤務時間（Time）、勤務方法（Why）、勤務服装（Dress）、勤務場所（Place）の5つの分野で9つの類型の柔軟勤務制を導入している。
①勤務形態として、「時間制勤務」（Part-time work；フルタイム勤務より勤務時間を短くする）をすべての業務に適用する。
②勤務時間では、弾力勤務制度として「時差出退勤制」（Flex-time work；1日8時間勤務体制を維持するが、出勤時間を自律的に調節）、「勤務時間選択制」（Alternative work schedule；週40時間の範囲内で、1日の勤務時間を自律調節可能）、「集約勤務制」（Compressed work；週勤務時間40時間を維持しながら

集約勤務で出勤日を5日未満にする)、「裁量勤務制」(Discretionary work；機関と公務員個人の別途契約によって与えられたプロジェクトが完了した場合、これを勤務時間として認める制度) がある。

③勤務方法では、「集中勤務制」(Core-time work) により、核心勤務時間を設定し、この時間には会議・出張、電話などを控え、最大限業務に集中する。

④勤務服装では、「柔軟服装制」(Free-dress code) により自由で楽な服装を着用する。

⑤勤務場所では、「在宅勤務制」(At-home work) や「遠隔勤務制」(Telework) を取り入れる。

とくに、時間制労働を活性化するため、全日制 (フルタイム) 労働者1人が担当する業務を時間制労働者2人が担当するジョブシェアリングを導入し、育児・家事等で全日業務が難しい公務員の時間制契約職または短時間労働者採用を奨励する。

柔軟な労働形態の運営における問題点としては、①短時間労働者を全日制労働者と同じく1人として算定するため、短時間労働者を追加雇用する企業には不利であること、②短時間労働者採用時、全日制労働者に比べて低い比率で人力水準を算定するので政府支援上不利益になる場合があること、③また、スマートワークシステム (後述) の不備、などが指摘されている。

スマートワーク構築

スマートワーク (smart work) とは、情報通信技術 (ICT) を利用するなどの方法で労働者が場所と時間に縛られない働き方である。スマートワークセンターとは、労働者 (公務員または一般企業職員) が自分の元来の勤務地ではない、住まいと近い地域で仕事ができるように環境を提供する遠隔勤務用事務室である。センターには業務に必要なITインフラおよび事務環境が用意されている。

政府は2010年7月に「スマートワーク活性化推進計画」を、2011年1月には「スマートオフィス計画」を発表、雇用労働部は2011年4月12日、「スマートワーク拡大のためのガイドライン」を発表し、労務管理上の実施要項を

図1　スマートワーク世宗(セジョン)センター

出所：http://www.smartwork.go.kr「スマートワークセンター」

提示した。

　スマートワークセンターは監視カメラや人体認識システムにより入館するシステムや、映像会議や休憩空間などを設けた事務スペースのほか、保育施設、食堂などの設備を設けている。スマートワークセンターは、2013年までに22カ所、2015年までに公共50カ所、民間450カ所を設ける予定である。しかし韓国での取り組みはまだスタートしたばかりで、公共部門と一部の大企業が参加しているのが現状である。

柔軟勤務制実施状況

　統計庁は四半期ごとに実施する地域別雇用調査に、2012年初めて柔軟勤務制関連条項を含めてその実態を調べた。統計庁の2012年第1四半期に実施した地域別雇用調査の「柔軟勤務制活用現況集計結果」(2012年)により、その実施状況を〈表5〉でまとめた。

　全体賃金労働者のなかで13.4％が柔軟勤務制を活用しており、性別では、男性9.5％、女性18.6％で女性の方が多い。婚姻状態別では、未婚労働者の13.9％、既婚労働者の13.2％が活用している。従業上の地位別では、常用労働者の6.7％、臨時・日雇い労働者の28.3％が活用している。臨時・日雇い労働者の活用比率が常用労働者に比べて高いのは、柔軟勤務制類型のなかで、臨時・日雇い労働者の時間制活用比率が高いためである。

　柔軟勤務制活用比率を年齢別にみると、60歳以上では27.6％、15～29歳

15.4％、50～59歳13.3％の順である。60歳以上の活用比率が高いのは、60歳以上年齢層での時間制労働の活用比率が高いためである。職業別では、サービス・販売従事者の26.6％、管理者・専門家および関連従事者の26.1％が活用している。

表5 柔軟勤務制活用実態

(単位：％)

性別割合			婚姻状態別			従業上の地位別		
全体	男性	女性	全体	未婚	既婚	全体	常用労働者	臨時雇・日雇
13.4	9.5	18.6	13.4	13.9	13.2	13.4	6.7	28.3
年齢別柔軟勤務制活用状況								
全体	15～29歳		30～39歳		40～49歳		50～59歳	60歳以上
13.4	15.4		10.0		11.7		13.3	27.6
柔軟勤務制活用賃金労働者の職業別割合								
サービス・販売従事者	管理者・専門家および関連従事者		単純労務従事者		事務従事者		技能・機械操作・組立従事者	農林・漁業・熟練従事者
26.6	26.1		25.1		13.1		8.8	0.2

出所：統計庁「柔軟勤務制活用現況集計結果」（2012年）

2012年3月基準、柔軟勤務制を活用する賃金労働者を100％とし、その類型別活用状況をみると（表6）、時間制労働制が59.6％で最も多く、出退勤時間自律制17.2％、選択的労働時間制9.2％の順である。

柔軟勤務制を活用する賃金労働者のなかで、「時間制労働制」を活用する労働者は、男性では48.5％、女性では67.4％で女性の方が高く、「出退勤時間自律制」を活用する労働者は、男性では23.5％、女性では12.8％で、男性のほうが高い。従業上の地位別にみると、常用労働者は出退勤時間自律制34.1％、時間制労働制26.6％、弾力的労働時間制16.2％の順である。一方、臨時・日雇い労働者の時間制労働活用度は78.5％で高い。

表6　柔軟勤務形態別活用度　　　　　　　　　（単位：％、2つの項目まで複数応答可能）

		合計	時間制労働制	出退勤時間自律制	選択的労働時間制	在宅および遠隔勤務制	弾力的労働時間制	その他
全体		100.0	59.6	17.2	9.2	2.9	7.8	3.3
性別	男性	100.0	48.5	23.5	9.3	3.4	10.9	4.5
	女性	100.0	67.4	12.8	9.2	2.6	5.6	2.4
従業上地位別	常用労働者	100.0	26.6	34.1	13.4	5.2	16.2	4.5
	臨時・日雇	100.0	78.5	7.5	6.8	1.6	3.0	2.5

出所：統計庁「柔軟勤務制活用現況集計結果」（2012年）

柔軟勤務制活用希望状況

今後の柔軟勤務制活用希望状況（表7）をみると、2012年3月基準で、柔軟勤務制を活用していない賃金労働者のなかで、今後活用を希望している労働者は47.0％である。希望類型別には、出退勤時間自律制40.5％、選択的労働時間制19.5％、弾力的労働時間制18.8％の順である。

表7　今後の柔軟勤務制活用希望状況　　　　　　　　　　　　　　　　　　（単位：％）

		合計	活用希望	活用希望者の希望類型別割合						希望しない
				時間制労働制	出退勤時間自律制	選択的労働時間制	在宅および遠隔勤務制	弾力的労働時間制	その他	
全体		100.0	47.0	10.8	40.5	19.5	6.4	18.8	4.0	53.0
性別	男性	100.0	44.8	10.0	39.9	19.7	5.9	20.0	4.5	55.2
	女性	100.0	50.3	11.9	41.3	19.3	7.0	17.1	3.3	49.7
婚姻状態別	未婚	100.0	52.1	10.1	41.8	20.7	5.8	17.9	3.7	47.9
	既婚	100.0	45.0	11.1	39.9	19.0	6.6	19.1	4.1	55.0
従事上地位別	常用	100.0	51.8	9.7	40.9	19.4	6.8	19.4	3.8	48.2
	臨時日雇	100.0	32.9	16.1	38.6	20.2	4.6	15.7	4.8	67.1

出所：統計庁「柔軟勤務制活用現況集計結果」2012年

性別では、男性の44.8％、女性の50.3％が今後柔軟勤務制活用を希望している。婚姻状態別では、未婚52.1％、既婚45.0％で、未婚の方が高く、従事上地位別では常用労働者の51.8％、臨時・日雇い労働者の32.9％が希望している。

　柔軟勤務形態を活用する労働者のなかでも時間制労働制と出退勤時間自律制の利用者が多いことから、この２つの制度の活用割合と今後活用を希望する労働者の割合を年齢別に確認した（図２）。柔軟勤務制を活用する賃金労働者のなかで、時間制労働制を活用する労働者割合を年齢別にみると、60歳以上81.0％、15～29歳67.2％の順で高く、30歳代41.4％で最も低い。一方、出退勤時間自律制を活用する労働者を年齢別にみると、30歳代27.0％、40歳代20.0％の順で高く、60歳以上層では7.2％で最も低い。また、今後の活用希望状況をみると、時間制労働制より出退勤時間自律制の希望者がすべての年齢にかけて４割程度である。

　柔軟勤務制は、育児期の女性が仕事と養育を両立するのが難しいため、女性賃金雇用者の短時間雇用比率を高めるためという趣旨ではあるが、賃金労働者の13.4％しか活用しておらず、その活用比率をみると、常用労働者よりは非正規職である臨時雇・日雇いの割合が大きい。また、婚姻状態別には既婚層よりは未婚層、また年齢別には60歳以上の層で高い。

　また、柔軟勤務制で最も多くの割合を占めている時間制労働者の雇用条件は悪く、今度の活用を希望する人も少ない。企画財政部が2012年４月に発表した「短時間労働動向」によると（表８）、社会保険の加入率が正規職は８割程度であるが、時間制労働者の場合、11.0～13.5％に過ぎず、退職金やボーナスの支給率も低い。仕事と家庭の両立しやすい環境をつくるためには、時間制労働者の労働条件の改善および保護策が必要である。

図2 時間制労働制と出退勤時間自律制の活用割合と活用希望割合 (単位:%)

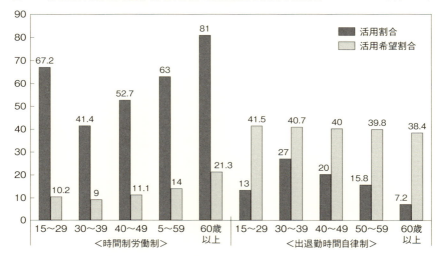

出所:統計庁「柔軟勤務制活用現況集計結果」2012年

表8 社会保険加入率、ボーナス・退職金支給 (単位:%)

	雇用保険	健康保険	国民年金	退職金	ボーナス	時間外手当
正規職	77.4	80.9	79.1	78.4	80.4	55.0
時間制	13.5	13.0	11.0	9.5	12.4	6.4

出所:企画財政部「短時間労働動向と示唆点」2012年4月

4. ファミリー・フレンドリー職場環境・社会環境助成

　少子高齢化、女性の社会進出増加など、社会環境変化とともに家庭生活と職場生活が両立できるファミリー・フレンドリー社会環境助成を目的に2017年12月「ファミリー・フレンドリー社会環境助成促進に関する法律」が定められた。

ファミリー・フレンドリー認証企業拡大

　ファミリー・フレンドリー企業に対する社会的認識を高め、企業の自発的

ファミリー・フレンドリー職場環境助成を誘導するため、2008年にファミリー・フレンドリー認証制度を導入した。ファミリー・フレンドリー制度の内容としては、「弾力的勤務制度」「子供の出産・養育・教育支援制度」「扶養家族支援制度」「労働者支援制度」「ファミリー・フレンドリー文化助成」などがある。

認証主体は女性家族部長官であり、評価対象は私企業、公共企業、大学、中央行政機関、地方自治団体などで、認証期間は3年とする。認証基準としては、運営要求事項、ファミリー・フレンドリー実行事項、ファミリー・フレンドリー経営満足度などを評価して、70点以上（中小企業は60点以上）獲得すると認証される。

今後の計画としては、①企業のファミリー・フレンドリー経営基盤支援、②ファミリー・フレンドリー認証企業インセンティブ強化、③ファミリー・フレンドリー職場助成のための支援体系運営を活性化することを目標とする。

ファミリー・フレンドリー社会環境助成

長時間労働環境を改善し、仕事・家庭の両立、労働者の生産性向上を目指して40時間労働制度を2004年に導入した。2011年からは5人以上の事業所でも週40時間労働を適用しているが、時間外労働が多く、韓国はOECD諸国のなかで、年間労働時間が最も長い（表9）。

ファミリー・フレンドリー社会環境を助成するため、政府は、政労使委員

表9　雇用者1人当たり平均年間総実労働時間

	韓国	日本	アメリカ	イギリス	ドイツ	フランス
2007年	2,090	1,785	1,797	1,677	1,422	1,500
2013年	2,071	1,735	1,788	1,669	1,388	1,489
法定労働時間	週40時間	週40時間	週40時間	週48時間	平日1日8時間	週35時間または年1,607時間

出所：労働政策研究・研修機構『データブック国際労働比較2015』
注：1）自営業者は除く。2）日本と韓国は常用労働者5人以上の事業所、以外の国については事業所規模の区別はない。3）2013年は暫定推定値である。

会の合意のもとで、①民間企業の労働時間短縮を推進するとともに、経済団体との協力を得てファミリーデーの活性化を図り、②公務員の正常勤務慣行を広げ、時間外労働の管理を強化するとともに、事前承認された範囲内でのみ時間外労働を認める時間外労働事前承認制を導入し、③出産奨励優秀地域（自治体）にインセンティブを提供する方針である。

ファミリー・フレンドリー環境実施状況

　ファミリー・フレンドリー認証を受けた企業や機関は、2008年は9個、2009年は14個にすぎなかった。2014年には444個に増え、総計956の機関や企業が認証された（表10）。ファミリー・フレンドリー認証制度が導入された2008年には大企業と公共機関が主に認証を受けたが、2014年からは中小企業数が大企業と公共機関数をうわまわっている。

　ファミリー・フレンドリー認証を受けた企業は政府調達と政策資金支援事業において特恵を受けることができる。ファミリー・フレンドリー認証を受けた企業には、2008年当初は、雇用部3個、中小企業庁3個、調達庁1個など、3つの機関が7つのインセンティブを提供していたが、2012年には16の機関が、34事業にインセンティブを提供しており、2015年6月には32機関が105事業にインセンティブを提供している。

表10　ファミリー・フレンドリー認証企業・機関　　　　　　　　（2014年12月末基準）

	公共機関	大企業	中小企業	計
2008	6	3	0	9
2009	6	5	3	14
2010	10	7	6	23
2011	40	24	22	86
2012	49	23	29	101
2013	84	84	111	279
2014	110	77	257	444
計	305	223	428	956

出所：http://ffm.mogef.go.kr「女性家族部、Best Family Friendly」

なお、ファミリー・フレンドリー企業や機関を今後拡大し、3回連続して女性雇用基準に達しない企業名を公表する。未達基準は500人以上企業と公共機関のなかで、同種産業における女性労働者比率、女性管理者雇用比率が平均の70％に達しない場合である。

　また、女性家族部は毎月第3週目の水曜日を「家族デー」と指定し運営してきたが、2010年12月からは毎週水曜日を「家族愛デー」と定め推進している。家族愛の日は、仕事中心の職場文化、長時間労働慣行から脱皮し、毎週水曜日は定刻に退勤し、家族とともに過ごすとの趣旨である。

参考文献
裵　海善「韓国女性雇用者の雇用実態と雇用促進政策」筑紫女学園大学・筑紫女学園大学短期大学部、国際文化研究所『論叢』第17号、2006年8月
裵　海善「韓国の仕事と家庭の両立支援政策と実態」筑紫女学園大学・筑紫女学園大学短期大学部、人間文化研究所『年報』第24号、2013年8月

コラム

【通常賃金】

通常賃金に関しては「勤労基準法施行令」に規定されている。「通常賃金」は定期的に一律に支給される賃金で、基本給と各種手当が含まれる。各種手当を通常賃金に含むかどうかの具体的な判断基準は、雇用労働部例規の「通常賃金算定ガイドライン」で定められ、定期賞与は通常賃金には含まれないとされている。しかし、定期賞与が通常賃金に含まれるかどうかの解釈をめぐって労使間の論争が白熱し、雇用労働部の基準とは違い、大法院（最高裁）は2013年12月、定期賞与が通常賃金に含まれるとの判決を下した。

通常賃金は残業手当や退職金、各種手当を算定する基準となる。例えば、時間外・深夜・休日労働に対しては、通常賃金の50％以上を加算支給しなければならない。

賃金	法律	支給基準
解雇予告手当	勤労基準法第26条	1日通常賃金×30日
休業手当	勤労基準法第46条	通常賃金の100％×休業日数 または、平均賃金の70％×休業日数
時間外・深夜・休日労働の割増賃金	勤労基準法第56条	時間外・深夜・休日労働時間数×時間当たり通常賃金×50％
年次休暇手当	勤労基準法第60条	1日通常賃金×未使用年次休暇日数
出産休暇給付	雇用保険法第76条	1日通常賃金×90日 （上限額：月通常賃金135万ウォン）
育児休業給付	雇用保険法施行令第95条	月通常賃金×40％（上限額：月100万ウォン、下限額：月50万ウォン）

出所：http://www.nodong.or.kr「雇用労働部」

第10章

男女格差と政府の男女平等実現措置

　韓国で雇用機会および待遇における男女平等を保障する「男女雇用平等法」が制定されたのは1987年（1988年施行）である。1995年には、政治・経済・社会・文化のすべての領域での男女平等を促進し、女性の発展を図ることを目的とした「女性発展基本法」が制定（1996年7月1日から施行）され、同法第7条（女性政策基本計画樹立）に基づき、5年ごとに「女性政策基本計画」を策定してきた。また2001年には女性政策を企画・総括する部署として女性部が創設された。

　社会諸分野で男女格差が大きいことから、女性労働力の活用のためには、男女平等な社会と雇用環境づくりが必要であるとの認識が広がり、女性政策基本計画のなかに、意思決定過程、政治、経済、仕事・家庭両立、女性人材の管理・育成分野に男女平等政策を盛り込んだ。

　韓国の大学進学率は2009年から女性（82.7％）が男性（81.6％）を追い越しており（『教育統計年報』2012年）、高位公務員公開採用試験である行政試験、司法試験、外務試験の2012年合格者のなかでは、女性合格者がそれぞれ43.8％、41.7％、53.1％で4割以上を占めている（『行政自治統計年報』2012年）。また、2013年には女性大統領まで誕生し、女性が活躍する時代を迎えたようにみえる。

　しかし、国をあげて改革に乗り出し女性の雇用拡大と職場での差別をなくすため努力しているにもかかわらず、女性の経済的参加と政治的参加を示す

国際指標をみると、韓国は最下位水準である。また、OECD諸国のなかでも珍しく女性の年齢別労働力率がM字型カーブを描いており、ガラス天井指数（グラスシーリング・インデックス　後述）、男女賃金格差は最下位水準であるなど、女性の雇用を促進し地位を改善するためには多くの課題を抱えている。

1. 男女格差の実態と政府の取り組み

ジェンダー格差指数（GGI）

男女格差水準の国際比較指数として、世界経済フォーラム（WEF: World Economic Forum）が発表するジェンダー格差指数（GGI: Gender Gap Index）と国連開発計画（UNDP）が発表するジェンダー不平等指数（GII: Gender Inequality Index）がある。2006年から毎年発表しているGGIは、経済、教育、保健、政治の4つの分野のデータから算出される。「経済的参加と機会」の5指標（労働力率、同じ仕事の賃金の同等性、所得の推計値、管理職に占める割合、専門職に占める割合）、「教育達成度」の4指標（識字率、初等・中等・高等教育の各在学率）、「健康と生存」の2指標（新生児の男女比率、健康寿命）、「政治的エンパワメント」の3指標（国会議員に占める割合、閣僚の比率、最近50年の国家元首の在任年数）からなる合計14の指標で、分野別指数と総合指数を計算している。

GGIは、国家発展状態と関係なく、また指標の達成程度よりは男女格差の水準を測ることに焦点が置かれており、点数は0であると完全不平等、1であると完全平等を意味している。韓国は、2014年では142カ国のうち、総合点数0.640点で、117位である（表1）。この指標だけで解釈すると韓国の男女格差は世界最下位水準である。2006年からの推移をみると（図1）、全体点数は、2006年0.616、2014年は0.640で、改善がほとんどみられない。韓国は、教育部門と保健部門では高い点数をもらっているが、経済的参加と政治的参加では女性の参加が遅れており、とくに政治的エンパワメントでの点数は非常に低く男女格差が大きい。

表 1　韓国のジェンダー格差指数（GGI）

2014年点数	全体点数	経済的参加と機会	教育達成度	健康と生存	政治的エンパワメント
	0.640	0.512	0.965	0.973	0.112

韓国の順位	2006年	2007年	2008年	2009年	2010年	2011年	2012年	2013年	2014年
	92/115	97/128	108/128	115/134	104/134	107/135	108/135	111/136	117/142

出所：World Economic Forum『The Global Gender Gap Report（2014）』により筆者作成

図 1　韓国の分野別ジェンダー格差指数の推移

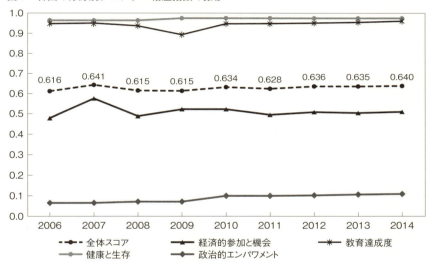

出所：World Economic Forum『The Global Gender Gap Report（2014）』により筆者作成

ジェンダー不平等指数（GII）

　国連開発計画（UNDP）が2010年から発表しているジェンダー不平等指数（GII：Gender Inequality Index）は、既存の女性関連指数で発表したジェンダーエンパワメント尺度（GEM：Gender Empowerment Measure、1995〜2009年）とジェンダー開発指数（GDI：Gender-related Development Index、1995〜2009年）に代わるものとして、2010年新たに導入された指数である。3つの側面における女性と男性の間の不平等を映し出す指標で、「生殖に関わる健康」（Reproductive health）では妊産婦死亡率と女性15〜19歳出産率、「女性

第10章　男女格差と政府の男女平等実現措置　　137

のエンパワメント」(Empowerment)では国会議員女性割合と中等教育以上の教育を受けた人の割合（男女別）、「労働市場分野」(Labor market)では男女別労働力率で測定する。GIIの点数が0であると男性と女性が完全平等な状態、1であればすべての側面において男女の一方が他方より不利な状況に置かれている状態で、指標の解釈がGGIとは逆である。

韓国はGGIによれば、2014年142カ国の中117位で男女格差が大きい国であるが、GIIによれば、2013年152カ国中17位の上位である（表2）。2つの指標の評価が異なるのは、WEFとUNDPの指標の算定方式が異なるからである。GGIは、該当国家の政治、経済、社会的水準ではなく、男女格差だけで評価するが、GIIは、一国の水準（生殖に関わる健康）と格差（女性のエンパワメントと労働力率）を同時に考慮してジェンダー不平等を測定する。GIIは教育格差や妊産婦の死亡率、若年女性の出産率など、貧困問題に関係の深い基礎的な部分を重視しているので、開発の進んだ先進国が優位となる傾向がある。

GGIとGIIのランクの差は、国の発展レベルに比べ男女平等が進んでいない韓国の現状を浮き彫りにしている。従って、2つの指数を比較することはできないが、韓国ではどの側面で男女格差が大きいかの参考にすることができる。

表2　ジェンダー不平等指数（GII）　　　　　　　　　　　　　　　　（単位：%）

年度	韓国の順位	点数	生殖に関わる健康		女性エンパワメント			労働力率	
			妊産婦死亡率	女性15〜19歳出産率（1000人当たり）	国会議員の女性割合	中等教育以上の達成度		女性	男性
						女性	男性		
2010	20/138	0.310	14	5.5	13.7	79.4	91.7	54.5	75.6
2011	11/146	0.111	18	2.3	14.7	79.4	91.7	50.1	72.0
2012	27/148	0.153	16	5.8	15.7	79.4	91.7	49.2	71.4
2013	17/152	0.101	16	2.2	15.7	77.0	89.1	49.9	72.0

出所：UNDP『Human Development Report』により筆者作成

国家性平等指数

韓国女性家族部はGGIとGIIとは別に、2009年「国家性（男性・女性）平等

指数」を開発し、2010年から発表している。家族、福祉、保健、経済活動、意思決定、教育・職業訓練、文化・情報、安全部門の8つの部門から評価しており、0（不平等）〜100（平等）の範囲で測定される。韓国の社会部門別男女格差水準と推移を把握するために作成しており、外国と比較する目的ではない。『韓国の性平等報告書』（2013年）によれば、国家性平等指数は2005年は58.1点、2012年は63.9点で、7年間に5.8点上昇した。

韓国政府の男女平等実現への取り組み

1990年5月に国連経済社会理事会において採択された「ナイロビ将来戦略勧告」は、「政府、政党、労働組合、職業団体、その他の代表的団体は、それぞれ2000年までに男女平等参加を達成するため、指導的地位に就く女性の割合を1995年までに少なくとも30％にまで増やす」という数値目標を設定している。

国連の目標数値や諸外国の状況を踏まえて、韓国では、政治・経済・社会・文化のすべての領域での男女平等を促進し、女性の発展をはかることを

表3　意思決定分野における男女平等実現措置

分野	項目	実行根拠	内容
政策・政治	政府委員会	女性発展基本法第15条	2017年まで政府委員会の女性参加率40％維持
		男女平等基本法第21条	2017年まで政府委員会の特定性（男性または女性）の割合が60％を超えないように規定
	女性公薦割当制	政党法（2000年改正）政治資金に関する法律（2004年3月12日改定）	比例代表議員選挙では50％以上、地域区議員選挙30％以上
行政	公務員男女平等採用目標制	国家公務員法第26条　公務員任用試験令第20条	女性公務員採用目標制（1996〜2002年）男女平等採用目標制（2003〜2017年）
教育	女性校長・副校長任用目標制	教育公務員法第11条4（男女平等のための任用計画の策定等）	2017年まで校長と副校長のうち、女性割合を33％にする
	女性大学教員採用目標制		2003年6月、国立大学に優先的女性教員200人採用。2007年7月、4年制国公立大学の男女平等措置を義務化
雇用	積極的雇用改善措置	男女雇用平等法	産業別女性労働者および管理職女性比率を高める

目的とした「女性発展基本法」が1995年に制定され（1996年7月1日から施行）、同法第7条に基づき、女性政策基本計画を5年ごとに樹立し、施行している。

女性発展基本法の第3章の6条（積極的措置）、15条（政策決定過程および政治参加）、16条（公職参加）、17条（雇用平等）に政策や意思決定過程における男女の平等参加を明記し、「男女平等実現措置」として、政治、行政、教育、雇用分野で指導的な役割に就く女性の割合を高める政策を取り始めた。女性議員や公務員採用試験での女性クオータ制、教育分野での女性管理職割合の増加、雇用分野での女性雇用率増加や管理職の女性割合増加政策を実施してきた（表3）。

2. 政策・政治分野における男女平等実現措置

政府委員会における女性クオータ制

「女性発展基本法」第15条に基づき、政策決定過程において女性の参加を高めるため、政府委員会（女性家族部、行政安全部、各部処、市・道）における女性の割合を2017年までに40％水準まで高めることを目標として定めた。女性発展基本法は2015年7月に「男女平等基本法」へと改名されるが、同法の21条に基づき、政府委員会の特定性比が2017年までに60％を超えないように定めた。言い換えれば、男性委員が政府委員会の10分の6を超えることができない。

中央行政機関所属委員会における女性割合の推移をみると（図2）、2009年までは委員会数が増加したにもかかわらず（左目盛り）女性委員の占める割合が低下したが、2011年からは上昇に転じ、2014年現在女性委員が31.7％を占めている（右目盛り）。

地方自治団体所属委員会に対する統計調査は2013年からである。2013年の地方自治団体所属委員会での女性委員の割合をみると（図3）、広域自治団体（市・道）は2024委員会があり女性の占める割合は26.7％、基礎自治団体（市・郡・区）は1万5904委員会があり、女性の割合は27.8％で、中央行政機関所属委員会より女性の割合が低い。

図2 中央行政機関所属委員会の女性委員割合（委嘱職）
（毎年10月基準）

図3 地方自治団体所属委員会の女性委員割合（委嘱職）

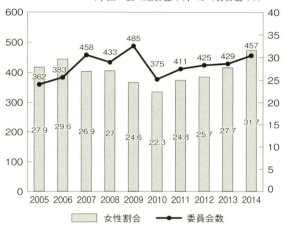
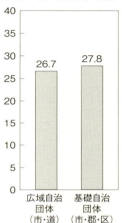

出所：http://www.mogef.go.kr（女性家族部）により筆者作成

女性公薦クオータ制

　韓国で女性の参加が最も遅れた分野は政治分野である。韓国の国会は、1948年第1代国会から始まり、1963年から単院制を採択しており、国会議員の任期は4年である。女性議員の割合は1996年第15代国会では3.0％にすぎなかったが、2000年16代国会には5.9％へと高まり、2004年第17代国会で13.0％、2012年第19代国会では15.7％を占めるようになった（表4）。このように女性議員が増加した背景には、第16代総選挙前と第17代総選挙前に実施された「政党法」改正（2000年、2002年）の効果が大きかった。

　2000年政党法改正では、比例代表国会議員および広域議会議員選挙において女性を30％以上推薦（公薦）することを明示したが、義務ではなく勧告であった。2002年政党法改正では、比例代表国会議員選挙で女性候補者を30％以上推薦するクオータ制を義務化した。第17代総選挙前に実施された2004年政党法改正では、国会議員比例代表選挙における女性の公薦クオータを50％以上にすることを義務化した。また、2004年には政治資金に関する法律（2008年から施行する政治資金法の母体となる）が改正され、地域区の女性公薦

クオータを30％（勧告）とし、30％以上のクオータを守った政党には「女性推薦補助金」を支給する規定を設け、2006年の地方選挙に適用した。

2006年には「公職選挙法」と「政治資金に関する法律」が改正され、政党が比例代表国会議員選挙と比例代表地方議員選挙の候補者を推薦する場合、女性公薦クオータ50％以上を義務規定にするとともに、候補者名簿の奇数順位に女性を割り当てることが定められ、これに違反した候補者名簿は選挙管理委員会が登録を無効化した。

制度づくりにより国会議員の女性割合は上昇傾向ではあるが、女性の政治参加度は相変わらず低い（表4）。2012年第19代の国会議員数をみると、全国区の女性議員の割合は51.9％で高いが、地域区の女性議員の割合は7.7％で非常に低い。全体国会議員300人のなかで、女性国会議員は47人で15.7％にすぎない。一方、地方議会での女性議員の割合は1995年2.3％から2012年20.3％へと大幅に増加した。

韓国の女性国会議員割合は日本などアジア諸国に比べれば低い数値ではな

表4　国会議員および地方議会議員の女性当選者数　　　　　　　　　　（単位：人、％）

			1996年15代	2000年16代	2004年17代	2008年18代	2012年19代
国会議員	全体	全体	299	273	299	299	300
		女性	9	16	39	41	47
		女性比率	3.0	5.9	13.0	13.7	15.7
	地域区	全体	253	227	243	245	246
		女性	2	5	10	14	19
		女性比率	0.8	2.2	4.1	5.7	7.7
	全国区	全体	46	46	56	54	54
		女性	7	11	29	27	28
		女性比率	15.2	23.9	51.8	50.0	51.9
			1995	1998	2002	2006	2010
地方議会議員		全体	5,511	4,179	4,167	3,621	3,649
		女性	127	97	140	525	739
		女性比率	2.3	2.3	3.4	14.5	20.3

出所：中央選挙管理委員会『国会議員選挙総覧』『全国同時地方選挙総覧』

いが、ニュージーランド、ドイツ、スウェーデンなどに比べれば非常に低い。国際議員連盟（IPU）の「Women in National Parliaments」の2015年4月調べによると、世界190カ国中で、韓国は国会議員のうちの女性の割合が16.3％で、85位にとどまる。女性議員の割合が世界で最も高いのはアフリカのルワンダが63.8％で1位、次いでボリビアが53.1％で2位である。日本は9.5％で117位である。

3．行政分野における男女平等実現措置

　韓国の公務員の職級は9級から1級までで、数字が低いほど職級が高い。公務員公開採用国家試験は9級から5級までで、9級、7級、5級の順で数字が低いほど試験の難易度が高い。5級は一番高いレベルの採用試験で、行政考試、外務考試、司法試験に分類される。近年、5級公務員採用試験が変わり、行政考試は「5級公採試験」として残るが、外務考試は2014年から廃止され、代わりに外交官の選抜と養成を国立外交院が担当する。法科大学院制度（ロー・スクール）導入に伴い司法試験は2017年から廃止される。

　韓国で初めて男女平等実現措置として導入されたのが「女性公務員採用目標制」である。公務員試験で一定割合の女性採用を求める制度で、1996年から2002年まで期限付きで実施された。当初は女性公務員の7級と5級の上位職進出と公務員数を増やす目的として始められたが、1998年からは9級まで拡大実施した。7級公務員の採用比率を1996年10％から段階的に高めていき、2002年25％まで、5級公務員は20％までの目標比率を設定した。9級公務員の採用比率は、1999年20％から段階的に引き上げ、2002年30％までと目標比率を定めた。

　女性公務員採用目標制は7年間実施され（1996～2002年）、女性公務員の割合を高め、女性の社会進出促進に寄与した。ところが、1999年12月から男性の「軍服務加算点制度」（コラム参照）が廃止され、女性採用目標制の実施は男性に対する逆差別であるとの意見が持続的に提起されたため、2003年からは「男女平等採用目標制」（2003～2017年）を実施することとなった（韓国では「両性平等採用目標制」という）。

表5　公務員試験における男女平等実現措置

	女性公務員採用目標制 (1996 ～ 2002 年)	両性（男性・女性）平等採用目標制 (2003 ～ 2017 年)
適用対象	▶ 5級、7級、9級の公務員公開採用試験全般に実施 ▶ 女性受験者	▶ 5級公開採用試験、外交官候補者選抜試験、7級9級公開採用試験のなかで選抜予定人員が5人以上の募集 ▶ 女性・男性受験者
採用目標	9級 30％、7級 25％、5級：20％	9級、7級、5級：30％

出所：行政自治部代弁人室、2002年10月30日朝刊、http://www.mogef.go.kr「女性家族部」により筆者作成

表6　公務員採用試験合格者のなかで女性合格者割合　　　　　　　　　　　　　　　（単位：％）

	9級公務員	7級公務員	5級公務員		
			5級公採試験	外務考試	司法試験
2000年	37.4	16.6	25.1	20.0	18.9
2005年	27.7	44.9	44.0	52.6	32.3
2010年	43.3	37.0	47.7	60.0	41.5
2013年	42.7	37.5	46.0	59.5	40.2

出所：安全行政部『安全行政統計年報』、www.gosi.kr「サイバー国家センター」、www.moj.go.kr「法務部」により筆者作成

　男女平等採用目標制とは、9級から5級までの公務員採用試験で、いずれかの性の合格者が30％を下回らないように定め、片方の性の合格者の比率が30％未満の場合、合格ラインの範囲以内で該当する性（男性または女性）の応募者を目標率30％になるまで追加合格させる制度である。

　この措置によれば、女性公務員数は30％確保できるので、公務員の性比バランスに転機を与えると期待される。行政自治部は、本制度の導入のため、2003年から公務員任用試験令第20条（女性または男性の選抜予定人員超過合格）で、女性と男性の平等な公務員任用機会を拡大する内容を定めており、均等人事指針（行政安全部例規）では男女平等目標制の具体的な実施内容を定めている。

　女性公務員採用目標制の導入により公務員採用試験合格者のなかで女性の割合は毎年増え、女性公務員数は増えたが、6級以下の職に偏っていたため、2002 ～ 2006年までは5級以上管理職の女性公務員の割合10％を目標とする

「5級(課長補佐相当職)以上女性管理職任用拡大5カ年計画」を推進した。また2007〜2011年には「4級(課長相当職)以上女性管理職任用拡大5カ年計画」を推進し、2011年まで10%まで高めることを目標とした。2012年から実施する「第4次女性政策基本計画」では、管理職公務員の女性比率を2011年8.4%から2017年14.0%まで高めるとの目標を定めている。

一般職国家公務員の4級以上の公務員のなかで、女性の割合は持続的に増加傾向であるが、2013年8.2%で、まだ低い水準である。4級と高位級での女性の割合は高まる傾向で、2013年の場合、4級以上公務員の職級別女性の占める割合をみると、4級は9.4%、3級は5.0%、高位公務員は3.7%である。高位公務員は行政機関局長級以上の公務員で、1〜3級の階級は廃止され、職務と職位によって人事管理される。

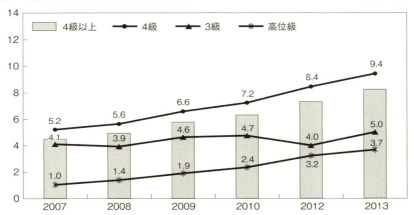

図4 管理職(4級以上)の女性公務員割合 (単位:%)

出所:安全行政部『行政自治統計年報』、www.moj.go.kr「法務部」により筆者作成

4. 教育分野における男女平等実現措置

女性教員の管理職拡大

教育分野での女性教員の割合は持続的に増加し、2000年47.5%、2013年に

表7　学校級別女性教員および女性管理職割合　　　　　　　　　　　　　（単位：％）

	女性教員比率	初等学校	校長	副校長	中学校	校長	副校長	高等学校	校長	副校長	大学（院）専任教員
2000	47.5	66.4	7.0	8.9	57.6	8.7	8.9	29.7	4.5	2.7	15.9
2005	52.8	71.0	8.7	14.6	62.3	9.9	17.7	38.1	6.5	4.7	18.3
2010	56.7	75.1	14.3	26.9	65.7	17.6	25.6	44.3	6.4	7.6	21.1
2013	58.4	76.6	18.6	45.1	67.5	20.0	26.6	48.1	8.7	8.9	23.0

出所：教育部・韓国教育開発院『教育統計年報』
注：大学専任教員は、短期大学、一般大学、教育大学、大学院の専任教員を含めている。

は58.4％を占めている。しかし管理職の女性教員はまだ少ない。2000年の場合、初等学校（日本の小学校）の女性教員は66.4％であるが女性校長は7.0％、中学校の女性教員は57.6％であるが女性校長は8.7％にすぎない（表7）。

2005年から市・道教育庁では、独自計画を策定して女性教員の管理職拡大を推進しており、2017年まで全体校長・副校長の女性の割合を33％まで高める計画である。学校級別、女性校長と副校長の割合も増加し続け、2000年と2013年の間、女性校長の割合は初等学校では11.6％ポイント、中学校では11.3％ポイント、高校では4.2％ポイント増加したが、学校級が高まるほど女性校長の増加幅は小さい。

女性大学教員の採用目標制

大学教員のなかで女性教員の割合は2006年の16.8％から毎年増加し、2014年は21.5％である。2014年現在、国公立大学の女性教員割合は14.7％で、私立大学の23.7％に比べて低い。

大学の女性教員の場合、2003年6月女性教員採用拡大を希望する国立大学に対して優先的に200人の女性教員の新規採用が認められた。また2003年7月「教育公務員法」第11条第4項を改正し、4年制国公立一般大学（3章コラム参照）は、3年ごとに性別任用目標値を明記した男女平等措置計画を策定し、これを教育科学技術部長官に提出することを義務づけた。2007年7月には「教育公務員法」の改正により、男女平等措置計画義務適用対象を4年

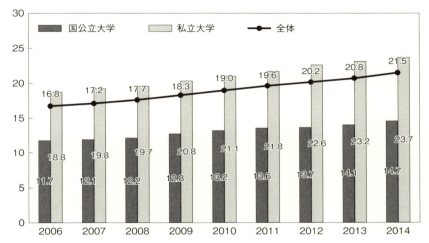

図5 大学女性教員割合 (単位:%)

出所:教育部・韓国教育開発院『教育統計年表』により筆者作成

制国公立の全体大学へと拡大した。

5. 雇用分野における積極的雇用改善措置

グラスシーリング

　グラスシーリング (glass-ceiling) とは、資質または成果にかかわらずマイノリティおよび女性の組織内での昇進を妨げるみえない障壁である。韓国では、女性の雇用率が高まっているが、組織内での女性の昇進を妨げるグラスシーリングが根強く存在する。イギリス・エコノミスト紙 (The Economist) は、職場での男女平等度を示す指数として、グラスシーリング指数 (the glass-ceiling index) を毎年3月8日の国際女性デーに合わせて発表している。大学以上の男女数、女性の労働力率、男女間賃金格差、保育費、管理職の女性比率などで評価している。2015年発表したグラスシーリング指数によれば、韓国は28カ国の中で最下位である28位である。1位はフィンランド、2位はノルウェー、3位はスウェーデンがランクインしており、日本は韓国に続いて2番目に低い。

また、The CS Gender 3000（2013）によれば、企業内の高位経営陣内の女性の割合は、韓国は1.2％で、調査対象36カ国の中で最下位である。1位はタイ26.5％、2位はマレーシア26.2％で、日本は7.6％で32位である。また、企業理事会での女性の割合は2.4％で、43カ国の中で41位である。1位はノルウェー39.7％で、日本は1.6％で42位である。
　韓国で女性管理職率が低いのは、企業内でのみえない差別、つまりガラスのシーリングにもあるが、管理職になれる女性のプール自体が少ないことにも起因する。韓国で女性人材が少ない理由として次のいくつかの要因が考えられる。
　第1に、採用時における差別である。長い間、韓国の大企業は正規職公開採用において男性だけを採用する慣行があった。韓国の大企業が女性雇用者を公開採用で募集し始めたのは、1990年代に入ってからである。例えば、三星グループは1993年から女性を公募で採用し始めた。2006年、積極的雇用改善措置が導入された後も、30大企業の女性新規採用の割合は2008年35.1％、2012年は31.8％で、3割程度である。2012年の女性新規採用の割合は、三星電子は25.5％、SK（株）は17.3％、大韓航空は43.9％である。
　第2に、社員採用の際、男性には「軍服務加算点制度」が適用されたことである。軍服務加算点制度とは、軍服務を終えた人々に公務員採用試験や入社試験などで加算点を与える制度であった。1999年12月公務員試験で軍服務加算点適用が全面廃止、2001年10月には軍服務加算点など軍服務補償制度が廃止されたが、長い期間、採用や昇進において女性には不利な制度であった。
　第3に、高学歴女性の経歴断絶により管理職になれる女性が少ないことである。2014年現在、韓国の大学進学率（高校卒業生のなかで大学進学者）は、女性は74.6％、男性は67.6％で、女性のほうが7％ポイントも高い（『韓国の社会指標』2014年）。しかし、多くの大卒女性が出産を機に仕事を辞める。

男女賃金格差
　男女賃金格差は、女性の経済的地位を表す重要な指標である。韓国の男女賃金格差はOECD28カ国のなかで最も大きく39％にのぼる。男性が100万ウォンをもらう時、女性は61万ウォンをもらう、つまり39％少なくもらうとい

表8　男女賃金格差（Gender Wage Gap）　　　　　　　　　　　　　　（単位：％）

	2000年	2010年	国家別順位	
			2000年	2010年
韓国	40	39	22位	28位
日本	34	29	21位	27位
OECD	20	15	調査対象22カ国	調査対象28カ国

出 所：OECD Factbook 2013: Economic, Environmental and Social Statistics, http://www.oecd-ilibrary.org（2013年10月28日確認）により筆者作成
注：男女賃金格差は男女平均賃金を基準にして分析したものである

うことである。賃金格差が世界２位である日本の29％に比べても10％ポイント高い。なおこの格差幅は、10年間ほぼ改善されていない。

　男女賃金格差が大きい原因として、初任給からの男女差があり、男性に比べて女性の企業内教育訓練機会が少ないことも挙げられるが、最も大きい原因としては、女性の経歴断絶である。経歴断絶により、勤続年数が男性に比べて短くなり、経歴が断絶した女性が再就業する時は賃金が低い単純労務職や雇用が保証されない非正規職として働くことになる。

　韓国の女性は工業化の初期段階から主に低賃金の製造業分野で働いており、雇用は不安定であったが、女性の雇用を促進する諸制度が整備された現在も大きな変化がみられない。2014年現在、韓国の女性雇用者率は37.4％（日本42.5％）であるが、女性雇用者のなかで39.9％（日本56.7％）が非正規雇用として働いている。つまり、働く女性雇用者の４割弱が社会保障が受けられない非正規職として働いているのである。

　女性雇用者の雇用実態を企業規模別にみると（図６）、30人未満の事業所で働く女性が多い（左目盛）。全体女性雇用者のなかで、企業規模５人未満で従事する人が20.1％で、５人に１人である。また女性雇用者の74.9％が100人未満の中小企業で働いている（左目盛）。

　一方、女性労働者が多い小規模企業では、多くの女性雇用者は臨時雇・日雇いとして、単純・労務職で働いている。５人未満企業では非正規職率は62.8％を占めており、企業の規模が小さいほど非正規職の割合が高くなる（左目盛）。

図6　企業規模別女性雇用者（2011年）　　　　　（単位：人(左目盛り)、％（右目盛り））

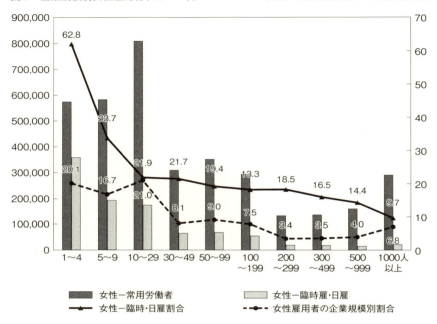

出所：雇用労働部、雇用政策官労働市場分析課(2011年)により筆者作成

積極的雇用改善措置（AA）

　少子高齢化が大きな社会問題になってから、女性労働を積極的に活用するための制度作りが必要であるとの認識が広がり、2005年に男女雇用平等法を改正し、積極的雇用改善措置を導入、2006年3月1日から施行している。

　積極的雇用改善措置は、女性を差別する雇用慣行と制度を改善するために導入した制度で、対象事業主は毎年3月末までに「産業別・企業規模別男女労働者実態」を提出し、女性雇用基準に達していない事業主は「ＡＡ（Affirmative Action コラム参照）施行計画」を次の年の3月末までに報告し、その施行計画を提出した次の年の3月末までに履行実績を提出しなければならない。女性雇用比率と女性管理者比率のうち、1つでも基準率に達しない場合、施行計画書の作成対象となる。政府は事業主が提出した施行計画と履

行実績を評価し、その結果によって、優秀企業には行政的・財政的に支援し、実績がよくない企業には履行を促す。

　導入初期であった2006年には、政府投資機関と政府傘下機関、労働者1000人以上の民間企業を対象とした。制度適用対象になる公共機関は、「政府投資機関管理基本法」と「政府傘下機関管理基本法」で定める政府投資機関と傘下機関であった。しかし、2007年4月、当該法が廃止となったため、2008年3月からはＡＡ適用対象となる公共機関は「公共機関の運営に関する法律」で定める機関へと変更となり、また2008年3月から500人以上の民間企業（公共機関は2009年から労働者50人以上）へと対象を広げたため、民間企業の対象企業が2007年498社から2008年1310社へと増加し、公共機関は2009年115個から246個へと2倍以上増加した。

　2013年現在、ＡＡ実施機関と企業は1778社で（うち公共機関260個）であり、労働者1000人以上では771社（公共機関67個、民間企業704社）、500〜999人以下では1007社（公共機関193個、民間企業814社）である。ＡＡ適用対象公共機関は2009年に約2倍以上増加したが、積極的雇用改善措置は民間企業が主導している状態である（図7）。

　一方、女性雇用者比率も増加傾向であり、課長以上の管理職の女性比率もわずかずつでありながら増えている。2013年、民間企業の女性雇用比率は36.46％、課長以上の管理職の女性比率は17.96％であるが、公共機関の場合、それぞれ33.61％、11.55％である（図8）。公共機関の女性雇用者率と管理職女性比率が民間企業より低く、雇用改善が遅れている理由として、韓国女性政策研究院（2014年）は、「公共機関が伝統的な男性中心産業である電気・ガス・鉄道など社会基盤事業に分布していること」「過去の差別的慣行が残されていること」「公共機関の保守的な組織文化と自律的な人的管理能力が乏しいこと」を挙げている。

　積極的雇用改善措置実施以後、女性労働者および管理者の割合は増加傾向ではあるが、女性雇用・女性管理者雇用基準率に達していない企業が多く、2013年の場合、公共機関のなかで、女性労働者の雇用比率に達していない機関は5.07％で、民間企業の12.61％より低い。しかし管理職女性比率を満たしていない公共機関は62.32％で、民間企業の52.17％より高い（表9）。

図7　ＡＡ実施事業所数　　　　　　　　　図8　女性雇用比率および管理職女性比率

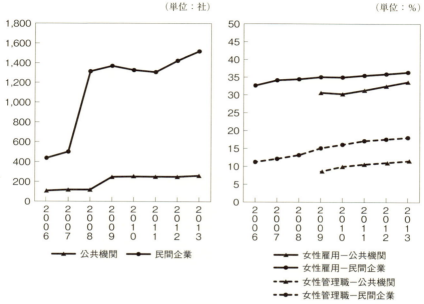

出所：韓国女性政策研究院『公共部門積極的平等実現措置（ＡＡ）の活性化方案に関する研究（Ⅱ）』
　　　（研究報告書13）2014年、を基に筆者作成
注：1）2006〜2008年までの公共機関数は政府投資機関と政府傘下機関の合計である。2）2009〜
　　2013年までの適用対象公共機関は常時労働者50人以上である。

表9　積極的雇用改善措置実施状況　　　　　　　　　　　　　　　　　　　　　（単位：社、％）

実施機関	企業規模別	合計	基準充足企業	基準未充足企業	女性雇用比率未充足（A）	女性管理職比率未充足（B）	AとB両方未充足
公共機関	1000人以上	67	31（46.27）	36（53.73）	3（8.33）	22（61.11）	11（30.56）
	1000人未満	193	91（45.15）	102（52.85）	4（3.92）	64（62.75）	34（33.33）
	全体	260	122（46.92）	138（53.08）	7（5.07）	86（62.32）	45（32.61）
民間企業	1000人以上	704	363（51.56）	341（48.44）	32（9.38）	191（56.01）	118（34.60）
	1000人未満	814	394（48.40）	420（51.60）	64（15.24）	206（49.05）	150（35.71）
	全体	1,518	757（49.87）	761（50.13）	96（12.61）	397（52.17）	268（35.22）

出所：韓国女性政策研究院『公共部門積極的平等実現措置（ＡＡ）の活性化方案に関する研究（Ⅱ）』
　　　（研究報告書13）2014年、pp.44〜51

2014年からは基準がさらに強化され、女性労働者と管理職女性の割合を同種業種平均の60%から70%へと上向き調整し、3回連続して女性雇用基準に達していない事業主には改善計画の履行を促し、これに応じない場合は企業名を公開する制度を新たに設け、2015年から実施される。ただし、雇用基準率に達していないとしても女性雇用比率が50%を超える事業所は施行計画書の作成対象から免れる。

参考文献
裵　海善「既婚女子の非正規職雇用増加の原因分析」釜山大学校女性研究所『女性学研究』10巻1号、2000年12月
裵　海善「韓国の女性雇用政策──60年間の政策変化と実態」筑紫女学園大学・筑紫女学園大学短期大学部『紀要』第10号、2015年1月
裵　海善「韓国の男女格差と政府の男女平等実現措置」筑紫女学園大学・短期大学部、人間文化研究所『年報』第26号、2015年8月

コラム

【積極的平等実現措置】
　アファーマティブ・アクション（AA: Affirmative Action）という用語は、1964年アメリカの公民権法（Civil Rights Act）成立を皮切りに世界的に広がり、社会的・構造的な差別で不利益を受けた集団に対し、一定の範囲で特別な機会を提供して機会均等を実現する取り組みを意味してきた。近年においては政策・措置の適用分野や積極性の程度はさまざまである。ヨーロッパではポジティブ・アクション（Positive Action）という。日本では「積極的改善措置」と訳されており、男女共同参画社会基本法や計画では「ポジティブ・アクション」の用語を使い、厚生労働省が中心となって女性の活躍や格差解消を推進している。韓国では「積極的平等実現措置」と訳され、女性、障害者、地方のための平等および優遇政策として活用されている。

【公薦と競選】
　国会議員総選挙と地方議員選挙に出るためには党内公認を受ける必要があり、「公薦」とは、政党が選挙候補者を推薦することを意味する。大統領選挙の候補者を政党が推薦することを「競選」という。

【韓国の国会議員選挙制度】
　韓国の国会議員選挙制度は、2004年実施された17代総選挙から「小選挙区制度」と「政党名簿式比例代表制」の併用制を取っている。投票者は1人2票制で、地域区に1票、政党に1票を行使して総2票を行使することができる。19代国会の議席数は300席で、このうち54議席は政党名簿式比例代表制で選ばれた議員、残り246議席は地域区当選者に割り当てられる。地域区の場合は多数代表制であり、政党名簿式比例代表制の場合は、少数政党の乱立を避けるため、全国で3％以上の支持率を獲得した政党、また地域区で5議席以上を獲得した政党にだけ議席配分をしている。

【軍服務加算点制度】
　兵役義務を終えた人が就職試験を受ける際に満点を基準にして5％の加算点を与える制度であったが、軍加算点は男女平等を妨げるという理由から1999年12月に憲法裁判所の違憲決定が下り、廃止された。

●●●● 資　料 ●●●●
韓国の人口データと人口政策年表

資料1　韓国総人口数・人口成長率

年	総人口（千人）	人口成長率	年	総人口（千人）	人口成長率
1946	19,369		2004	48,039	0.38
1947	19,886		2005	48,138	0.21
1948	20,166		2006	48,372	0.49
1949	20,188		2007	48,598	0.47
1950	20,512		2008	48,949	0.72
1951	20,670		2009	49,182	0.48
1952	21,144		2010	49,410	0.46
1953	21,440		2011	49,779	0.75
1954	21,796		2012	50,004	0.45
1955	21,526		2013	50,220	0.43
1956	20,724		2014	50,424	0.41
1957	21,321		2015	50,617	0.38
1958	21,933		2016	50,801	0.36
1959	22,997		2017	50,977	0.34
1960	25,012		2018	51,141	0.32
1961	25,766	3.01	2019	51,294	0.30
1962	26,513	2.90	2020	51,435	0.28
1963	27,262	2.82	2021	51,566	0.25
1964	27,984	2.65	2022	51,686	0.23
1965	28,705	2.57	2023	51,791	0.20
1966	29,436	2.55	2024	51,888	0.19
1967	30,131	2.36	2025	51,972	0.16
1968	30,838	2.35	2026	52,042	0.13
1969	31,544	2.29	2027	52,094	0.10
1970	32,241	2.21	2028	52,131	0.07
1971	32,883	1.99	2029	52,154	0.04
1972	33,505	1.89	2030	52,160	0.01
1973	34,103	1.78	2031	52,146	-0.03
1974	34,692	1.73	2032	52,115	-0.06
1975	35,281	1.70	2033	52,060	-0.11
1976	35,849	1.61	2034	51,985	-0.14
1977	36,412	1.57	2035	51,888	-0.19
1978	36,969	1.53	2036	51,771	-0.23
1979	37,534	1.53	2037	51,632	-0.27
1980	38,124	1.57	2038	51,470	-0.31
1981	38,723	1.57	2039	51,291	-0.35
1982	39,326	1.56	2040	51,091	-0.39
1983	39,910	1.49	2041	50,873	-0.43
1984	40,406	1.24	2042	50,636	-0.47
1985	40,806	0.99	2043	50,380	-0.51
1986	41,214	1.00	2044	50,102	-0.55
1987	41,622	0.99	2045	49,810	-0.58
1988	42,031	0.98	2046	49,502	-0.62
1989	42,449	0.99	2047	49,181	-0.65
1990	42,869	0.99	2048	48,841	-0.69
1991	43,296	0.99	2049	48,488	-0.72
1992	43,748	1.04	2050	48,121	-0.76
1993	44,195	1.02	2051	47,741	-0.79
1994	44,642	1.01	2052	47,353	-0.81
1995	45,093	1.01	2053	46,952	-0.85
1996	45,525	0.96	2054	46,541	-0.88
1997	45,954	0.94	2055	46,125	-0.89
1998	46,287	0.72	2056	45,703	-0.91
1999	46,617	0.71	2057	45,275	-0.94
2000	47,008	0.84	2058	44,842	-0.96
2001	47,357	0.74	2059	44,403	-0.98
2002	47,622	0.56	2060	43,959	-1.00
2003	47,859	0.50			

出所：統計庁「将来人口推計（2010～2060）」

資料2　老年人口指数

年度	老年人口指数	老年人口1人当たり生産年齢人口	年度	老年人口指数	老年人口1人当たり生産年齢人口
1960	5.30	18.9	2006	13.2	7.6
1961	5.40	18.5	2007	13.8	7.2
1962	5.50	18.2	2008	14.3	7.0
1963	5.60	17.9	2009	14.7	6.8
1964	5.70	17.5	2010	15.2	6.6
1965	5.80	17.2	2011	15.6	6.4
1966	5.90	16.9	2012	16.1	6.2
1967	5.80	17.2	2013	16.7	6.0
1968	5.70	17.5	2014	17.3	5.8
1969	5.60	17.9	2015	17.9	5.6
1970	5.70	17.5	2016	18.5	5.4
1971	5.80	17.2	2017	19.2	5.2
1972	5.60	17.9	2018	20.0	5.0
1973	5.60	17.9	2019	21.0	4.8
1974	5.70	17.5	2020	22.1	4.5
1975	6.00	16.7	2021	23.4	4.3
1976	6.00	16.7	2022	24.8	4.0
1977	6.00	16.7	2023	26.2	3.8
1978	6.00	16.7	2024	27.8	3.6
1979	6.10	16.4	2025	29.6	3.4
1980	6.10	16.4	2026	31.4	3.2
1981	6.20	16.1	2027	33.3	3.0
1982	6.30	15.9	2028	35.1	2.8
1983	6.30	15.9	2029	36.8	2.7
1984	6.40	15.6	2030	38.6	2.6
1985	6.50	15.4	2031	39.4	2.5
1986	6.60	15.2	2032	41.1	2.4
1987	6.70	14.9	2033	42.9	2.3
1988	6.90	14.5	2034	44.8	2.2
1989	7.00	14.3	2035	46.8	2.1
1990	7.40	13.5	2036	48.9	2.0
1991	7.50	13.3	2037	51.0	2.0
1992	7.70	13.0	2038	53.1	1.9
1993	7.90	12.7	2039	55.0	1.8
1994	8.10	12.3	2040	57.2	1.7
1995	8.30	12.0	2041	58.2	1.7
1996	8.60	11.6	2042	59.6	1.7
1997	8.90	11.2	2043	61.1	1.6
1998	9.30	10.8	2044	62.7	1.6
1999	9.60	10.4	2045	64.5	1.6
2000	10.1	9.90	2046	66.4	1.5
2001	10.5	9.50	2047	68.2	1.5
2002	11.1	9.00	2048	69.8	1.4
2003	11.6	8.60	2049	71.1	1.4
2004	12.1	8.30	2050	71.0	1.4
2005	12.6	7.90	2060	80.6	1.2

出所：統計庁「将来人口推計」(2011年12月)
注：老年人口指数＝(65歳以上の老人人口／15〜64歳の生産年齢人口)×100

資料3　韓国男女の平均期待寿命

年度	平均	男性	女性	男女差（女性－男性）
1970	61.93	58.67	65.57	6.9
1971	62.33	58.99	66.07	7.1
1972	62.72	59.30	66.56	7.3
1973	63.09	59.61	67.03	7.4
1974	63.46	59.90	67.48	7.6
1975	63.82	60.19	67.91	7.7
1976	64.17	60.47	68.33	7.9
1977	64.51	60.75	68.74	8.0
1978	64.84	61.02	69.13	8.1
1979	65.17	61.28	69.51	8.2
1980	65.69	61.78	70.04	8.3
1981	66.19	62.28	70.54	8.3
1982	66.67	62.75	71.02	8.3
1983	67.14	63.21	71.47	8.3
1984	67.81	63.84	72.17	8.3
1985	68.44	64.45	72.82	8.4
1986	69.11	65.13	73.44	8.3
1987	69.76	65.78	74.04	8.3
1988	70.30	66.31	74.57	8.3
1989	70.82	66.84	75.08	8.2
1990	71.28	67.29	75.51	8.2
1991	71.72	67.74	75.92	8.2
1992	72.21	68.22	76.38	8.2
1993	72.81	68.76	76.80	8.0
1994	73.17	69.17	77.11	7.9
1995	73.53	69.57	77.41	7.8
1996	73.96	70.08	77.77	7.7
1997	74.39	70.56	78.12	7.6
1998	74.82	71.09	78.45	7.4
1999	75.55	71.71	79.22	7.5
2000	76.02	72.25	79.60	7.3
2001	76.53	72.82	80.04	7.2
2002	77.02	73.40	80.45	7.1
2003	77.44	73.86	80.81	7.0
2004	78.04	74.51	81.35	6.8
2005	78.63	75.14	81.89	6.8
2006	79.18	75.74	82.36	6.6
2007	79.56	76.13	82.73	6.6
2008	80.08	76.54	83.29	6.8
2009	80.55	76.99	83.77	6.8
2010	80.79	77.20	84.07	6.9
2011	81.20	77.65	84.45	6.8
2012	81.20	77.60	84.50	6.9
2013	81.30	77.80	84.70	6.8
2014	81.50	78.00	84.80	6.8
2015	81.70	78.20	85.00	6.8
2016	81.80	78.40	85.10	6.7
2017	82.00	78.70	85.20	6.5
2018	82.20	78.90	85.40	6.5
2019	82.40	79.10	85.50	6.5
2020	82.60	79.30	85.70	6.4
2030	84.30	81.40	87.00	5.5
2040	86.00	83.40	88.20	4.8
2050	87.40	85.10	89.30	4.2
2060	88.60	86.60	90.30	3.7

出所：統計庁「生命表」「将来人口推計（2010〜2060）」

資料4　合計特殊出生率の国際比較

	韓国	中国	インド	日本	アメリカ	フィンランド	フランス	ドイツ	イタリア	オランダ	スウェーデン	デンマーク	イギリス	オーストラリア
1960〜1965	5.63	5.61	5.82	1.99	3.31	2.66	2.85	2.49	2.47	3.17	2.32	2.81	3.27	
1965〜1970	4.71	5.94	5.69	2.02	2.55	2.19	2.65	2.32	2.52	2.80	2.16	2.57	2.87	
1970〜1975	4.28	4.77	5.26	2.13	2.02	1.62	2.31	1.64	2.35	2.06	1.89	2.01	2.54	
1975〜1980	2.92	2.93	4.89	1.83	1.79	1.66	1.86	1.52	1.94	1.60	1.66	1.73	1.99	
1980〜1985	2.23	2.61	4.47	1.75	1.80	1.69	1.86	1.46	1.54	1.51	1.65	1.78	1.91	
1985〜1990	1.60	2.63	4.11	1.66	1.89	1.66	1.80	1.43	1.34	1.55	1.91	1.84	1.86	
1990〜1995	1.70	2.01	3.72	1.48	1.99	1.82	1.71	1.30	1.28	1.58	2.01	1.78	1.86	
1995〜2000	1.51	1.80	3.31	1.37	1.96	1.74	1.76	1.34	1.22	1.60	1.56	1.74	1.78	
2000〜2005	1.22	1.70	2.96	1.30	2.04	1.75	1.88	1.35	1.25	1.73	1.67	1.66	1.75	
2005〜2010	1.29	1.64	2.73	1.32	2.07	1.84	1.97	1.36	1.38	1.74	1.90	1.83	1.93	
2010〜2015	1.39	1.56	2.54	1.42	2.08	1.87	1.99	1.46	1.48	1.79	1.93	1.87	1.95	
2015〜2020	1.48	1.51	2.38	1.51	2.08	1.91	2.00	1.55	1.56	1.84	1.95	1.90	1.97	
2020〜2025	1.56	1.53	2.26	1.58	2.08	1.93	2.02	1.62	1.63	1.87	1.97	1.93	1.99	
2025〜2030	1.63	1.58	2.15	1.65	2.08	1.96	2.03	1.69	1.70	1.90	1.99	1.95	2.00	
2030〜2035	1.69	1.63	2.06	1.71	2.09	1.97	2.04	1.74	1.75	1.93	2.00	1.97	2.02	
2035〜2040	1.74	1.68	1.98	1.76	2.09	1.99	2.05	1.79	1.80	1.95	2.02	1.99	2.03	
2040〜2045	1.79	1.73	1.92	1.80	2.09	2.01	2.05	1.83	1.84	1.97	2.03	2.00	2.04	
2045〜2050	1.83	1.77	1.87	1.84	2.09	2.02	2.06	1.87	1.88	1.99	2.04	2.02	2.05	

出所：http://esa.un.org/unpd/wpp/unpp,「UN World Population Prospects, the 2010」

資料5　韓国の人口政策年表

1940～1950年代		
1946年	8	米軍政庁、韓国人口調査実施（1936万9270人と集計）
1948年	9	ソウル市人口、170万人
	12	第1回総人口調査施行令（大統領令第39号）公布
1949年	1	人口調査法（法律第18号）公布
	5	人口調査実施（総人口2016万人）
	5	第1回総人口調査結果、ソウル市人口140万人と集計
	7	保健部新設
	8	韓国、世界保健機構、65番目に加入
	12	人口動態調査令（大統領令第252号）公布
1950年	8	避難民救護に関する臨時措置法（法律第145号）公布
	12	社会部、各地に避難民のための収容所設置計画発表
	12	巨済島（ゴジェド）に避難民収容所設置
	12	釜山市人口調査
1951年	1	社会部、韓国各道の避難民統計発表
	4	公報処、戦争による人命被害統計発表
	11	戦時生活改善法（法律第225号）公布
1952年	4	社会部、避難民統計発表
	5	社会部、戦争孤児統計発表
1953年	8	社会部発表、戦争未亡人30万人
	9	全国戸口調査実施
1954年	12	ソウル市人口、124万人
1955年	2	保健部と社会部統合、保健社会部へと改編
	9	簡易総人口調査実施（総人口2152万人）
1956年	9	戦争孤児20人アメリカへ出発
	12	国会、保健所法案通過
1957年	5	政府、子供憲章公布
	12	全国人口調査実施
1958年	8	内務部集計、1957年末の総人口2132万人
1959年	1	政府、中南米移民計画策定
	12	ソウル市人口、200万人突破
1960年代		
1960年	11	国際家族計画総連盟（IPPF）総務ケドブリ訪韓

	12	人口住宅国勢調査実施
1961年	4	社団法人大韓家族計画協会設立
	4	第2次国勢調査結果発表 （総人口2499万人、過去5年人口成長率2.88%）
	6	大韓家族計画協会、国際家族計画連盟（IPPF）加入
	7	再建国民運動本部、母子保健と家庭安定事業を運動目標に追加
	11	国家再建最高会議、家族計画事業を国家施策として採択
	11	保健社会部、医師・助産婦・看護婦などを対象に家族計画リーダー講習会実施
	12	国家再建最高会議議長、家族計画支援談話発表
1962年	1	政府、第1次経済5カ年計画発表
	1	政府、家族計画審議委員会規定公布
	3	政府、全国183カ所保健所に家族計画相談室設置
	3	政府、海外移住法（法律第1030号）制定・公布
	4	保健社会部、家族計画指導要員183人を選抜して全国保健所に配置
	5	政府、住民登録法（法律第1067号）制定・公布
	7	再建国民運動本部、家族計画相談所を設置して家族計画運動着手
	9	国家再建最高会議、保健所法改訂（法律第1160号）
	11	大韓家族計画協会、各市道支部設立
	12	ブラジル移民団、釜山港出発
1963年	1	保健社会部、無医村一掃に漢方医（韓医）も動員決定
	4	経済企画院、家族計画審議会を開催し、人工妊娠中絶奨励
	5	保健社会部、地方農漁村住民対象家族計画啓蒙運動展開
	6	保健社会部、内規第3号で保健局に母子保健班設置（家族計画主管）
	6	大韓家族計画協会、第1次全国家族計画大会開催
	7	国際家族計画連盟、西太平洋地域第1次総会開催（東京）
	8	大韓家族計画協会、人口問題分科委員会新設し、6つの分科委員会構成
	11	韓国婦人会創立
	12	保健社会部、母子保健班を課へ昇格し、家族計画係を新設
	12	初の労働者派遣、西ドイツへ鉱夫第1陣123人派遣
	12	保健社会部、各市に家族計画専担職員配置
1964年	1	政府、全国保健所に家族計画要員の追加配置
	4	保健社会部、5月を「家族計画の月」と指定
	6	政府、全国市道保健課に家族計画係新設
	12	保健社会部、初めて家族計画実態調査
1965年	4	人口問題研究所設立

	5	国際家族計画連盟、第1次西太平洋地域会議開催
1966年	1	ドイツへ看護婦派遣、第1陣128人出発
	1	総人口調査実施（総人口2920万人、ソウル市人口377万人）
	7	大韓家族計画協会、家族計画教育機材を各機関に普及
	12	国連、「人口宣言文」採択
	12	家族計画事業評価分析結果、人口増加率2.7％へと低下
1967年	1	政府、避妊手術事業と並行して飲む避妊薬の普及を決定
	2	大韓家族計画協会、市道単位の家族計画促進大会開催
	4	大韓家族計画協会、7個都市部に模範診療所新設
	4	保健社会部、全国家族計画実態および出生率調査
	11	経済企画院発表、韓国人口3000万人（ソウル市人口400万人）
	11	経済企画院発表、韓国人平均寿命60歳
1968年	7	韓国・スウェーデン、家族計画事業に関する技術協力協定締結
1969年	4	全国市・郡単位で家族計画促進大会開催
	12	経済企画院発表、韓国人平均寿命64歳（男60歳、女67歳）
	1970年代	
1970年	2	保健社会部、「家族計画課」新設
	3	政府発表、年間成長率8.5％、人口増加率1.5％
	4	政府、首都圏人口過密化抑制基本方針発表
	6	ソウル市人口500万人突破
	6	国立家族計画研究所竣工
	9	全国女性大会開催
	11	総人口および住宅調査実施（総人口3146万名、人口増加率1.92％）
	12	家族計画研究院法（法律第2270号）公布
1971年	7	家族計画研究院設立
1972年	4	政府、家族計画事業長期計画確定
	7	予備軍対象家族計画啓蒙教育実施
1973年	2	母子保健法（法律第2514号）制定・公布
	5	保健社会部・文教部、1974年から女子高校教科書に家族計画教育内容収録合意
	11	国際人口協議会創立総会開催
1974年	3	国連人口年鑑、ソウル市人口世界8位と集計
	3	韓国政府と国連人口活動基金間の人口計画に関する協定署名・発効
	4	韓国政府と世界保健機構との基本協定署名・発効
1975年	1	総人口および住宅調査実施

	4	大韓保健協会創立
	12	総人口調査結果、韓国人平均寿命、男66歳、女70歳と集計
1976年	3	世界人口40億突破
	4	韓国保健開発研究院設立
	12	政府、人口政策推進計画確定（1980年代人口増加率1.6%維持目標）
1977年	3	政府、首都圏人口分散施策として、半月（バンウォル）新工業都市建設着工
	4	農水産部発表、1976年末農村人口、前年比3.5%減少
1978年	1	建設部、首都圏内人口再配置計画により、首都圏7都市整備計画樹立
	11	総人口3760万人、ソウル市人口782万人と集計（10月1日現在）
1979年	4	IPPE事業評価調査団来韓
	12	政府、世銀（IBRD）と人口事業推進のための借款協定締結（3000万ドル）
1980年代		
1980年	1	政府、国連人口活動基金と人口計画に関する第2次協定締結
	2	農水産部発表、1979年農家人口は総人口の28.9%（1088万人）
	6	経済企画院発表、1979年末人口増加率1.58%（総人口3750万人）
	11	全国人口および住宅調査実施
	11	保健社会部、予備軍訓練の際、「1時間家族計画教育実施」を軍当局と合意
1981年	1	保健社会部、20年間公式移民71カ国に総44万4310人と集計
	3	保健社会部、農漁村保健診療所2000カ所設置決定
	6	老人福祉法（法律第3453号）制定・公布
	6	保健社会部・労働部、国民海外移住拡大案発表
	7	韓国人口保健研究院開院（韓国保健開発研究院と家族計画研究院を統合）
	11	保健社会部、大韓家族計画協会主導の家族計画事業を全国的事業へと転換、推進することを決定
	12	大韓家族計画協会、創立20周年記念式開催
	12	政府、人口増加抑制対策施行計画発表
1982年	2	老人優遇制（65歳以上高齢者）実施
	5	政府、敬老憲章発表
1983年	4	保健社会部、人口抑制のために第3子からは医療保険追加負担適用推進
	7	人口4000万突破、人口爆発防止汎国民決起大会および署名キャンペーン実施
1984年	5	政府、65歳以上高齢者の地下鉄無料乗車実施
	5	第1号「人口時計塔」点灯式（昌原（チャンウォン）市）
1985年	3	人口増加率1%達成のための全国家族計画大会開催
	11	人口および住宅センサス実施
	12	保健社会部、不当医療行為による胎児の性別識別禁止決定

	12	全国に人口時計塔 16 カ所設置完了
1986 年	3	経済企画院、人口および住宅調査結果発表（人口密度世界 4 位）
	4	大韓家族計画協会、創立 25 周年記念式
	5	母子保健法改訂法（法律第 3824 号）公布
1987 年	7	国連、世界人口 50 億突破を機に、「世界人口デー」指定
1988 年	5	保健社会部、老人福祉総合対策用意
	8	大韓家族計画協会、アジア人口 30 億の日を機に広報
	11	政府、人口増加率 1％ 早期達成公式発表
1989 年	1	建設部、首都圏人口集中抑制のために首都圏に新都市公団建設抑制計画発表
	1	経済企画院、総人口 4238 万人と推計
	11	経済企画院、韓国人平均寿命 70.1 歳と集計
	12	韓国人口保健研究院、韓国保健社会研究院へと名称変更
1990 年代		
1990 年	11	人口住宅総調査実施、総人口 4352 万人
1991 年	4	保健社会部集計、平均寿命、男 66.9 歳・女 75 歳
1992 年	7	統計庁発表、韓国人口 4367 万人、世界 23 位
1994 年	4	国連人口会議開幕
1995 年	2	保健社会部、第 1 次人口政策発展委員会開催
	11	人口住宅総調査実施
1996 年	1	保健福祉部、乳幼児保育法施行規則改正案発表
	1	保健福祉部、「新人口政策」業務計画確定・発表
	4	保健福祉部、胎児性鑑別産婦人科医の資格停止処分
	6	大韓家族計画協会、家族計画事業を「産児制限」から「出生性比を正す」へと変更
1997 年	1	第 1 回「老人デー」記念式開催
	12	統計庁発表、韓国人口 4599 万人
1998 年	2	保健福祉部、保健所の無料避妊薬の供給中止
1999 年	3	大韓家族計画協会、「大韓家族保健福祉協会」へと名称変更
2000 年代		
2000 年	11	人口住宅総調査実施、総人口 4612 万人
2001 年	4	大韓家族保健福祉協会、創立 40 周年記念行事実施
	8	「産前後休暇を 90 日」「有給育児休業新設」などを含んだ母性保護関連法議決
	8	保健福祉部、「保育事業総合発展計画」発表（公共保育施設を 2010 年までに 100％ 拡充）
2003 年	1	低出産未来社会委員会、大統領所属諮問機構としてスタート

2004年	9	保健福祉部、自然分娩出産費と未熟児診療費免除など出産奨励対策発表
2005年	3	韓国保健社会研究院内に「新人口政策開発センター」設置
	3	大韓家族保健福祉協会、出産抑制から出産奨励へと機能転換
	5	低出産・高齢社会基本法（法律第7496号）制定
	8	2004年出生率1.16で世界最低水準記録
	9	大統領直属の低出産高齢社会委員会スタート
	9	女性家族部、毎月6日を「育児デー」と指定、キャンペーン展開
	11	人口住宅総調査実施
	12	統計庁発表、経済活動参加女性986万人（全体女性の50.1%）
	12	統計庁発表、韓国女性平均寿命80.8歳
2006年	1	大韓家族保健福祉協会、「人口保健福祉協会」へと名称変更
	7	保健福祉部、第1次低出産・高齢社会基本計画（セロマジ・プラン2010）策定
	11	人口保健福祉協会、第1回「妊婦デー」行事開催
	12	国会保健福祉委員会、低所得層老人に基礎老齢年金を支給する「基礎老齢年金法制定案」議決
2007年	4	老人長期療養保険法（法律第8403号）制定（2008.7.1施行）
	6	老人フレンドリー産業振興法施行令制定・公布
2008年	1	老人フレンドリー産業支援センター指定・運営
	4	低出産高齢社会委員会、大統領直属から保健福祉家族部所属としてスタート
2009年	6	「子供生みやすいよい世の中運動本部」発足
2010年	11	保健福祉部、第2次低出産・高齢社会基本計画（セロマジ・プラン2015）策定
	11	人口住宅総調査実施
2011年	8	政府は7月11日を「人口デー」として指定
2012年	7	第1回「人口デー」記念式
2014年	1	育児休業対象の子供の年齢上限を「6歳」から「8歳以下」に拡大
	10	父母育児休業制度導入
2015年	2	保健福祉部、第3次低出産・高齢社会基本計画の策定方向を発表
	9	女性人口が男性人口をうわまわる（女超）
	10	低出産高齢社会委員会、第3次低出産・高齢社会基本計画（2016～2020年）案発表

出所：『家協30年史』大韓家族計画協会(1991)、『人口政策30年』韓国保健社会研究院(1991)、http://kosis.kr/「国家統計ポータル」、http://contents.archives.go.kr「国家記録ポータル」、http://dna.naver.com「ネイバーデジタルニュースアーカイブ」、http://theme.archives.go.kr「国家記録院・ナラ記録ポータル」、等により筆者作成

●●●● 索　引 ●●●●

アルファベット順

ＡＡ→積極的雇用改善措置／積極的平等実現措置
ＧＤＩ→ジェンダー開発指数
ＧＥＭ→ジェンダーエンパワメント尺度
ＧＧＩ→ジェンダー格差指数
ＧＩＩ→ジェンダー不平等指数
Ｍ字型カーブ　40, 92-95, 116, 136
ＯＥＣＤ　22, 29, 38, 41, 42, 49, 92, 116, 131, 136
ＵＮＤＰ→国連開発計画
ＷＥＦ→世界経済フォーラム
ＷＨＯ　25

五十音順

［あ行］

アイサラン(子供愛)カード　80, 82
アイサラン(子供愛)プラン　76, 79
アイゾルゴウン(子供楽しい)カード　82
アファーマティブ・アクション→積極的雇用改善措置／積極的平等実現措置
アルバイト　38
育児(子育て)　38, 40, 41, 43
育児休業　40, 41, 51, 58, 94, 116, 119, 120, 122, 123
育児休業給付金　40, 110, 119, 120, 122
育児休業取得率　40
育児休業復帰インセンティブ　58, 120
育児期労働時間短縮　51, 58, 122, 123
育児と仕事の両立→仕事・家庭両立
1.57ショック　24, 63
李明博(イ・ミョンバク)　76
医療インフラ支援　57
遠隔勤務制　125
エンゼルプラン　63
黄金の亥の年　23
オリニジップ　61, 81, 83, 89
オリニジップ評価認証　80

［か行］

外務試験　135
カイロ行動計画　14, 21
学歴社会　42
過剰人口　93
家族愛デー　133

家族介護休職制度　123
家族計画協会　14
家族計画事業　11, 12, 22
家族計画スローガン　16
家族計画相談所　11, 13
家族サラン(愛)カード　74
家族従業者　39
家族従業者世帯　38
家族デー　133
学校教育費　42
家庭オリニジップ　83
ガラス天井指数(グラスシーリング・インデックス)　136, 147
韓国女性開発院　106
韓国労働組合総連盟　121
完全失業率　37
完全無償教育　76, 81
管理職女性比率　151
期間制労働者　97, 98
既婚女性　40, 95
基礎自治団体　65, 66, 75, 140
基本計画→低出産・高齢社会基本計画
金泳三(キム・ヨンサム)　45
キャリアブレーク→経歴断絶
教育達成度　136
教育費　41, 76
教育分野　145
行政試験　135
競選　154
緊急保育対策等5カ年事業　63
均等人事指針　144
勤務形態　124
勤務時間　124
勤務時間選択制　124
勤務場所　124
勤務服装　124
勤務方法　124
勤労基準法　105, 107, 117, 118
勤労基準法施行令　134
クオータ制　140, 141
グラスシーリング・インデックス→ガラス天井指数
軍服務加算点制度　143, 148, 154
経済活動参加率　92
経済成長　48
経済的参加と機会　136

経歴断絶　40, 58, 92, 96, 101, 103, 113, 114, 119, 123, 148, 149
結婚　43, 52
結婚退職　40
現役兵（ヒョンヨクビョン）　56
限界生産力　95
健康と生存　136
健康保険　102
限時的労働者　96
広域自治団体　65, 66, 69, 71, 75, 140
高学歴化　32
高学歴女性　148
公共型オリニジップ　81
合計特殊出生率（出生率）　10, 14, 21, 22, 24, 48, 49, 51, 63, 65-67, 105, 159
公薦　154
公職選挙および選挙不正防止法　110
公職選挙法　142
高年齢妊娠　57
公務員　143, 144
公務員公開採用国家試験　143
高齢化　20, 28, 31, 49
高齢化社会　22, 25, 31
高齢化率　25, 26, 31
高齢者　28
高齢社会　25, 31
高齢者統計　29
高齢者労働力　30
国公立オリニジップ　83, 86
国民年金　102, 103
黒龍の年　23
国連開発計画　136
戸主制　111, 115
子育て→育児
国会議員　141-143
国会議員選挙制度　154
国家性平等指数　138, 139
5・16軍事クーデタ　22
子ども・子育て新システム　64
子ども・子育てビジョン　64
雇用者世帯　38
雇用促進政策　105
雇用不安　101
雇用不安定　36
雇用保険　59, 102, 103, 117-120

[さ行]

在宅勤務制　125
採用目標制　146
裁量勤務制　125

産児制限政策　14
産前後休暇　41, 58, 59, 110, 116, 117
産前後休暇給付金　59, 117
産前後休暇分割使用　59
産婦人科診療施設　57
ジェンダーエンパワーメント尺度　137
ジェンダー開発指数　137
ジェンダー格差指数　136
ジェンダー不平等　138
ジェンダー不平等指数　136, 137
時間制勤務　124
時間制労働者　96-98, 102, 113, 129
時間制労働制　127, 129
時間選択制雇用　99, 113
時間選択制支援制度　114
時間選択制労働者　114
事業場加入者　102, 103
仕事・家庭両立（育児と仕事の両立）　32, 38, 51, 57, 110, 111, 113, 116
時差出退勤制　124
次上位階層　80
失業者　94, 95
失業率　37
実質労働時間　41
私費負担教育費　42
司法試験　135
社会雰囲気助成　49
社会保険　102
社会保障　48
若年雇用者　37
若年失業率　37
週休２日制　41
就職難　37
従属人口指数　31
住宅購入資金　56
集中勤務制　125
柔軟勤務制　59, 124, 126, 128, 129
柔軟な働き方　59, 124
柔軟な労働時間制　58
柔軟服装制　125
集約勤務制　124
出産　38, 40, 43, 52
出産育児期雇用支援金　119, 123
出産育児期代替人力支援金　123
出産休暇　40, 94
出産奨励金　71, 72
出産奨励政策　10, 15, 48
出産政策　18
出産抑制政策　10, 15, 22, 23, 48
出産率　49

出生率→合計特殊出生率
出生率低下　59, 76
出退勤時間自律制　127-129
主婦等向けインターンシップ　114
常勤予備役(イェビヨック)　56
少子化　3, 13, 15, 24, 26, 29, 32, 48, 49
少子化社会対策基本法　63
少子化社会対策大綱　63
少子化対策　32, 48, 49, 65, 69
少子化対策推進基本方針　63
少子高齢化　3, 22, 48, 51, 68, 105, 111
小選挙区制度　154
常用型時間制労働先導企業　113
将来国家人口戦略　18
将来人口推計　20, 25, 28
職業安定法　107
職業訓練法　107
職場オリニジップ　83, 86
職場環境　41
職場復帰　41
職場保育施設　60
職場保育制度　86
初婚年齢　34
女性委員　140
女性家族従業者率　93
女性家族部　76, 79, 106
女性管理職率　148
女性議員　141-143
女性教員　145
女性クオータ制　140
女性公薦クオータ制　141
女性候補者　141
女性公務員採用目標制　110, 143
女性国会議員　142
女性雇用者　40
女性雇用者率　39, 92, 93, 151
女性雇用政策　105, 107, 115
女性雇用問題　3
女性自営業者率　93
女性推薦補助金　142
女性政策基本計画　107, 135
女性の発展　111
女性発展基本計画　105, 107
女性発展基本法　105, 110, 111, 135, 140
女性非正規雇用　96, 98, 99, 101, 102, 119
女性部　106, 135
女性労働問題　3
女性労働力率　92
女超現象　20
女超社会　18

所定内給与　101
所得代替率　29
ジョブシェアリング　125
新エンゼルプラン　63
新規型時間選択制　113
人口　16, 26, 48, 156
人口委員会(国連)　10
人口維持政策　13
人口オーナス　26, 31
人口過剰　10
人口逆転現象　22, 26
人口教育　15
人口減少　26
人口構造　31
人口資質向上政策　10, 14
人工授精　57
人口政策　10, 12, 160
人口成長率　18, 156
人口置換水準　10, 13, 21-24
人口デー　18
人口ピラミッド　19
人口ボーナス　31
人口問題　10
人口抑制政策　10, 12-14
新人口政策　14
新待機児童ゼロ作戦　64
推定人口　12
スマートワーク　125
スマートワーク活性化推進計画　125
生産年齢人口　3, 28, 29, 31, 48, 105
政治資金に関する法律　141, 142
政治資金法　141
政治的エンパワメント　136
成長動力　49
政党法改正　110, 141
政党名簿式比例代表制　154
性別賃金格差　101
性別役割分担　92
セイル・センター　111, 114
世界経済フォーラム　136
世界人口デー　18
セサック(若芽)プラン　76, 79
積極的雇用改善措置　147, 148, 150, 151
積極的平等実現措置　154
セマウル幼児園　77
セロマジ・プラン→低出産・高齢社会基本計画
船員法　107
潜在失業者　95
選択的労働時間制　128

双春年　23
総人口　16, 26, 156
相対的貧困率　29

[た行]
第1次育児支援政策　77
第1次経済開発5カ年計画　10, 13, 106
第1次低出産・高齢社会基本計画　3, 49, 51, 68
第1次ベビーブーム(日本)　23
第2次育児支援政策　79
第2次経済開発5カ年計画　13
第2次低出産・高齢社会基本計画　52, 68
第2次ベビーブーム　23
第2次ベビーブーム(日本)　23
第3次経済開発5カ年計画　13
第3次低出産・高齢社会基本計画　52
第4次経済開発5カ年計画　13
第4次女性政策基本計画　145
第6次経済社会発展5カ年計画　107
第7次経済社会発展5カ年計画　107
体外受精支援費　57
大学　45
大学教員　146
大学構造改革　45
大学進学率　33, 39, 135
大学設立条件　33
大韓家族保健福祉協会　15
待機児童解消「先取り」プロジェクト　64
多子世帯　60
多子世帯優遇カード　71, 72
ダドンイ幸せカード　72
単院制　141
団塊ジュニア　23, 24
団塊の世代　23
短時間正社員制度　113
短時間労働者　38, 103
単純・労務職　149
男女格差　135, 136
男女共同参画基本計画　110
男女共同参画社会基本法　110
男女雇用平等と仕事・家庭両立支援に関する法律　116, 118, 122
男女雇用平等法　105, 107, 116, 119, 120, 135, 150
男女出生比　20
男女人口比率　20
男女賃金格差　105, 148, 149
男女平等　111, 135
男女平等基本法　111, 140

男女平等採用目標制　143
男女平等実現措置　135, 140, 143, 145
男女平等政策基本計画　111
男女平等目標制　144
男性正規雇用　101
男超社会　18
弾力の労働時間制　128
地域加入者　102
地方自治団体　65
地方自治団体所属委員会　140
中央行政機関所属委員会　140
超高齢社会　22, 25, 26, 31
長時間労働慣行　41, 113
超少子化　10, 14, 21, 23, 48, 105
朝鮮戦争　11
専貰(チョンセ)資金　56
全斗煥(チョン・ドゥファン)　45
賃金格差　101, 105, 148, 149
通常賃金　134
定額給与　101
低出産・高齢化問題　18
低出産・高齢社会基本計画　10, 15, 48, 49
低出産・高齢社会基本法　10, 15, 18, 48, 68
低出産高齢社会委員会　15, 52
低出産未来社会委員会　15
低出産問題　51
低体重児　57
低賃金　101
適正人口　12, 18
転換型時間選択制　114
同一労働同一賃金　107
共働き世帯(夫婦)　60, 61

[な行]
ナイロビ将来戦略勧告　139
難妊手術　57
乳幼児保育　77
乳幼児保育法　77
妊娠　40
ヌリ課程　80, 81
年少人口　26, 31
年少人口指数　31
年齢階級別雇用構造　99
年齢階級別女性雇用者率　94
年齢階級別女性労働力率　94
盧武鉉(ノ・ムヒョン)　76

[は行]
パート(タイマー、タイム)　38, 40, 98,

102
配偶者出産休暇　　51, 59, 118
朴槿恵(パク・クネ)　　76, 113
朴正煕(パク・チョンヒ)　　12, 22
発展途上国　　10
パパ・ママ育休プラス制度　　40
パパの月　　116, 120
パパの月インセンテイブ　　52, 120
晩婚化　　32, 34, 41
晩産化　　32, 35
非期間制労働者　　97
非就業既婚女性　　96
非正規雇用　　37, 96, 97, 103, 119
非典型労働者　　96-98
ひのえうま年　　24
白虎の年　　23
日雇い　　129, 149
貧困問題　　10, 138
ファミリー・フレンドリー　　51, 58, 59, 116, 130-133
ファミリー・フレンドリー認証制　　111, 132
不妊手術　　13
父母育児休業制度　　40, 119-121
父母協同オリニジップ　　83
扶養負担　　28
平均出産年齢　　35
平均寿命(平均期待寿命)　　20, 158
ベビーブーム　　11, 22
ベビーブーム世代　　11, 26
保育教師　　86
保育サービス　　86
保育財政比率　　87
保育支援　　76
保育施設設置基準　　77
保育実態　　76
保育所(保育園)　　61, 76
　⇒オリニジップ
保育所受託比率　　84
保育政策　　76
保育手当　　61
保育料　　79

保育料支援　　79, 81
保健福祉部　　76
母子保健法　　13
補習教育費　　43
母性保護関連3法　　116, 117, 119

[ま行]
マザーズハローワーク　　114
未熟児　　57
民主化運動　　107
無償教育　　76

[や行]
有子女現役兵　　55
優先支援対象企業　　117
養育手当　　60, 79, 81
養育費　　76
養子　　60
幼児教育振興法　　77
幼児教育法　　77
幼児保育費　　60
幼稚園　　81, 89
予備軍訓練　　13

[ら行]
ライフ・スタイル　　32
流産・死産休暇給付制度　　118
臨時雇　　129, 149
老後生活安定対策　　28
労災保険　　102
労働時間短縮　　51, 58, 113, 122, 123
労働市場の二重構造　　101
労働部　　87
老年化指数　　31
老年人口　　20, 26, 28, 31
老年人口自殺率　　29
老年人口指数　　28, 31, 157
老年人口比率　　25

[わ行]
若者の雇用不安定　　32, 36

【著者紹介】
裵　海善（ベ・ヘション）

韓国釜山市生まれ。韓国国立慶北大学校経済学修士。日本文部省奨学金留学生（博士課程）。名古屋大学経済学博士。名古屋大学経済学部助手。韓国学術振興財団（現、韓国研究財団）研究助成金により韓国国立釜山大学校にて博士研究員（PD）・専任研究員・研究教授を経て、現在、筑紫女学園大学文学部アジア文化学科教授。研究分野は女性労働、非正規職労働、若年労働、少子高齢化などの韓国と日本との比較。韓国大韓日語日文学会学術賞受賞（2015年）。

主な著書・論文に『現代日本経済』（ソウル・進英社、2001年）、『韓国の国際通商法』（共著、大学教育出版、2002年）、『Eine Kleine Kaffeepause（韓国語訳書）』（ソウル・ムンイェリム、2012年）、"Female Employees Labor Supply in Korea and Japan: A Cross-section Analysis", *Journal of Japanese Cultural Studies*, Vol. 49, 2014, "Determinants of the Labor Force Participation of Married Female Employees in Japan: A Cross-section Analysis", *Journal of Japanese Language and Literature*, Vol. 61, 2014、『韓国経済がわかる20講──援助経済・高度成長・経済危機・グローバル化の70年の歩み』（明石書店、2014年）

韓国の少子化と女性雇用
高齢化・男女格差社会に対応する人口・労働政策

2015年12月21日　初版第1刷発行

著　者	裵　海　善
発行者	石　井　昭　男
発行所	株式会社 明石書店

〒101-0021　東京都千代田区外神田 6-9-5
　　　　　　電　話　03（5818）1171
　　　　　　ＦＡＸ　03（5818）1174
　　　　　　振　替　00100-7-24505
　　　　　　http://www.akashi.co.jp

組　版	朝日メディアインターナショナル株式会社
装　丁	明石書店デザイン室
印　刷	株式会社文化カラー印刷
製　本	本間製本株式会社

（定価はカバーに表示してあります）　　　ISBN978-4-7503-4284-9

JCOPY 〈(社) 出版者著作権管理機構 委託出版物〉
本書の無断複写は著作権法上での例外を除き禁じられています。複写される場合は、そのつど事前に、(社)出版者著作権管理機構(電話 03-3513-6969、FAX 03-3513-6979、e-mail: info@jcopy.or.jp)の許諾を得てください。

現代韓国を知るための60章【第2版】
エリア・スタディーズ ⑥ 石坂浩一、福島みのり編著 ●2000円

韓国の暮らしと文化を知るための70章
エリア・スタディーズ 112 舘野晳編著 ●2000円

日韓でいっしょに読みたい韓国史
未来に開かれた共通の歴史認識に向けて
徐毅植、安智源、李元淳、鄭在貞著 君島和彦、國分麻里、山崎雅稔訳 ●2000円

韓国現代史60年
徐仲錫著 文京洙訳 民主化運動記念事業会企画 ●2400円

東アジアの歴史
世界の教科書シリーズ 42 アン・ビョンウほか著 三橋広夫、三橋尚子訳 ●3800円

韓国の歴史教育
皇国臣民教育から歴史教科書問題まで
金漢宗著 國分麻里、金玹辰訳 ●3800円

韓国経済がわかる20講
援助経済・高度成長・経済危機・グローバル化の70年の歩み
裵海善 ●2500円

韓国ワーキングプア 88万ウォン世代
絶望の時代に向けた希望の経済学
禹哲熊、朴権一著 金友子、金聖一、朴昌明訳 ●2000円

朝鮮半島冷戦と国際政治力学
対立からデタントへの道のり 金伯柱 ●5800円

李人稙と朝鮮近代文学の黎明
「新小説」「新演劇」の思想的背景と方法論
田尻浩幸 ●5400円

日本の文化 韓国の習俗
比較文化論 金両基 ●2700円

日本コリア新時代
共同通信社編集局JK取材班編著 ●2000円

越境する在日コリアン
またがる人々の物語 朴一 ●1600円

大災害と在日コリアン
兵庫における惨禍のなかの共助と共生 高祐二 ●2800円

超少子高齢社会からの脱却
日本・ドイツ・イタリア
家族・社会・文化とジェンダー政策
冨士谷あつ子、伊藤公雄編著 ●3000円

フェミニストソーシャルワーク
福祉国家・グローバリゼーション・脱専門職主義
レナ・ドミネリ著 須藤八千代訳 ●5000円

〈価格は本体価格です〉